PAI AUSENTE, FILHO CARENTE

Guy Corneau

PAI AUSENTE, FILHO CARENTE

Manole

Título original em francês: *Père manquant, fils manqué*
Copyright © 2003, Les Éditions de l'Homme, uma divisão do Groupe Sogides Inc.,
filial do Quebecor Media Inc., Montreal, Quebec, Canadá.
Todos os direitos reservados.
Tradução em língua portuguesa - Copyright© 2015, Editora Manole.

Este livro contempla as regras do Novo Acordo Ortográfico da Língua Portuguesa.

Editor gestor: Walter Luiz Coutinho
Editora de traduções: Denise Yumi Chinem
Produção editorial: Priscila Pereira Mota Hidaka e Cláudia Lahr Tetzlaff
Assistência editorial: Jonathan Souza de Deus

Tradução: Fernanda Silva Rando

Revisão de tradução e revisão de prova: Depto. editorial da Editora Manole
Projeto gráfico e diagramação: TKD Editoração Ltda.
Capa: Ricardo Yoshiaki Nitta Rodrigues

Dados Internacionais de Catalogação na Publicação (CIP)
(Câmara Brasileira do Livro, SP, Brasil)

Corneau, Guy
    Pai ausente, filho carente / Guy Corneau ; [tradução Fernanda
Silva Rando]. -- Barueri, SP : Manole, 2015.

    Título original: Père manquant, fils manqué.
    Bibliografia.
    ISBN 978-85-204-3982-1

    1. Masculinidade 2. Pais e filhos 3. Pais
ausentes I. Título.

14-09727   CDD-155.924

Índices para catálogo sistemático:
1. Pais e filhos : Psicologia familiar 155.924

Nenhuma parte deste livro poderá ser reproduzida, por qualquer processo,
sem a permissão expressa dos editores.
É proibida a reprodução por xerox.
A Editora Manole é filiada à ABDR – Associação Brasileira de Direitos Reprográficos.

Edição brasileira: 2015

Editora Manole Ltda.
Av. Ceci, 672 – Tamboré
06460-120 – Barueri – SP – Brasil
Tel.: (11)4196-6000 – FAX: (11) 4196-6021
www.manole.com.br
info@manole.com.br

Impresso no Brasil
Printed in Brazil

Ao meu pai, Alcide,
ao meu irmão Réjean
e aos meus amigos,
François, Robert e Louis,
por sua fidelidade silenciosa.

Sumário

Introdução ix

Capítulo 1 – O pai ausente 1
O silêncio do pai 1
A fragilidade da identidade masculina 8
O corpo do pai 15
A estrutura ausente 21

Capítulo 2 – Os filhos carentes 30
O teatro da virilidade 30
Adrien, o herói 33
Vincent, o bom menino 40
Éric, o eterno adolescente 43
Valentin, o sedutor 49
Gaëtan, o homossexual 52
Julien, o homem rosa 61
Narciso, o mal-amado 63
Rock, o revoltado 66
Sébastien, o desesperado 69
Christian, o drogado 71
Epílogo do diretor 76

Capítulo 3 – O medo da intimidade 78
A intimidade sexual 78
A intimidade 78

Capítulo 4 – A agressividade reprimida 98
João de Ferro 98
É preciso extravasar 100
A raiva reprimida 104
O encontro do homem primitivo 110
O guerreiro interior 115

Capítulo 5 – O sangue do pai 119
A traição do corpo 119
Nas entranhas da Terra 124

Capítulo 6 – Depressão benéfica 131
A sede de iniciação 131
A depressão iniciática 138
O equilíbrio em nós 143

Capítulo 7 – O silêncio quebrado 145
Cura 145
"Paternizar-se" 152

Conclusão 156
Posfácio 158
Bibliografia 175

Introdução

O dr. Hubert Wallot, médico e professor na Universidade de Quebec, em Chicoutimi, mostrou-se surpreendido, diante de uma comissão parlamentar sobre saúde mental, por não existir um conselho que tratasse a condição masculina. Apoiado em estatísticas, dedicou-se a demonstrar a precariedade da saúde geral dos homens:

"Na infância e adolescência, os homens apresentam mais frequentemente [que as mulheres] um atraso mental, distúrbios de atenção associados à 'hiperatividade', problemas de conduta, 'hiperansiedade', dificuldades esquizoides, tiques transitórios ou crônicos, disfemia, enurese e encoprese funcionais [urinar e defecar involuntariamente], sonambulismo e terror noturno, autismo, transtornos de desenvolvimento persistentes e específicos, como a dislexia.

Na idade adulta, os homens ocupam um lugar significativo nas categorias dos transtornos da personalidade paranoide, compulsiva e antissocial (como atesta o número elevado de casos nas prisões). Os homens dominam de longe em matéria de transexualidade, de homossexualidade e de perversões sexuais."[*]

O dr. Wallot destaca também que, em uma proporção de quatro para um, os homens sofrem de alcoolismo e toxicomania; eles dominam também, em uma proporção de três para um, nos suicídios e nos comportamentos de alto risco. Por fim, eles também estão em maior número no que

---

[*] O'NEIL, Huguette. "Santé mentale: les hommes, ces grands oubliés...", em *L'Actualité Médicale*, 11 de maio de 1988, p. 27.

se refere à esquizofrenia. E o médico conclui que a *ausência frequente do pai e de modelos masculinos perante a criança "parece explicar algumas dificuldades de comportamento ligadas à afirmação da identidade sexual no homem".*[*]

Para resumir, poderia-se dizer que, sob sua aparente independência, os homens precisam de ajuda e buscam seu pai. Eu mesmo pude constatar essa grande sede masculina, essa grande necessidade dos homens de se encontrar e de se ajustar. Na primavera de 1987, depois de uma conferência intitulada "O medo da intimidade e a agressividade reprimida nos homens", dispus-me a reunir um grupo de homens para um *workshop* de um dia. No sábado de manhã, eles eram 21 esperando-me no corredor da sede do Centro de Estudos C. G. Jung de Montreal: pais de família, divorciados, solteiros, homossexuais, um *punk*, um cozinheiro, um decorador, um contador, artistas, assistentes sociais, terapeutas, funcionários de empresas, professores; indivíduos que tinham entre 20 e 50 anos. Isso foi como um amor à primeira vista, um dia de confidências brilhantes! Todos os participantes declararam em seguida que queriam continuar o trabalho de maneira regular.

A primeira questão que coloquei na mesa: "Você se sente homem?" nenhum – nem mesmo os mais velhos, com vinte anos de vida conjugal e às vezes com filhos – respondeu positivamente! Pois, justamente, o sentido de identidade não corresponde necessariamente à experiência vivida, mas muito mais a essa impressão interna de ter ou não um alicerce.

É dessa falta de alicerce nos homens de hoje que quero falar neste livro. Quero falar dessas penúrias de homens que se confessam em grupos e do que ouço todo dia na solidão do meu consultório de analista. Quero falar também do que começamos a abrir e a explorar juntos, ou seja, a fragilidade da identidade masculina.

Esta se encontra talvez refletida no seguinte fato: muitos homens, hoje, escolhem ter um primeiro filho entre 35 e 40 anos, o que representa um atraso, se podemos assim dizer, em relação às gerações anteriores. Esse lapso de tempo não nos permite mensurar o tempo que é preciso aos homens de hoje para consolidarem a sua identidade e por sua vez se tornarem pais?

---

[*] *Ibid.* (Propostas citadas por Huguette O'Neil.)

Mesmo existindo muitos outros fatores que entram em jogo para os filhos do *baby boom* do pós-guerra: filosofias mais individualistas, um acesso mais fácil ao conforto, o aumento do estresse, reviravoltas tecnológicas que se sucedem a um ritmo frenético, sem falar da grande incerteza com relação ao destino reservado ao nosso planeta. Continua interessante, porém, colocar essas questões sob uma perspectiva exclusivamente psicológica. É o que tentarei fazer neste livro.

O material clínico constitui sem dúvida a matéria-prima para este trabalho. Evidentemente, todos os casos foram alterados, exceto nos detalhes essenciais, e o material, qualquer que seja, nunca foi utilizado sem o consentimento daquele a quem pertence. Além disso, é bom ter em mente que meus exemplos e minhas interpretações tocam apenas uma faceta da pessoa; um só fragmento da personalidade de um indivíduo encontra-se apresentado a cada vez: aquele que é necessário para meu propósito. Portanto, seria impróprio macular os casos em questão, fazendo uma redução exagerada ou uma generalização indevida desse material inevitavelmente incompleto. Ademais, várias vezes criei personagens fictícios, reagrupando experiências vividas por pessoas diferentes.

E há também as imagens simbólicas do sonho, as imagens do inconsciente, que frequentemente vêm alimentar o texto e enriquecê-lo. Essas imagens têm a imensa vantagem de nos dar um apoio menos abstrato para a discussão de um tema; elas dirigem-se diretamente para o universo emocional. Como dizia Jung, não há nada menos científico que a análise dos sonhos; entretanto, sua pertinência toca o espírito e nos leva a refletir sobre o desconhecido que nos habita. No fundo, não é imaginando profundamente uma coisa, tentando transformar uma emoção em imagem, deixando transparecer em nós um fantasma inconfessável, que penetramos mais adequadamente na natureza dos fenômenos psíquicos, que conseguimos objetivá-los para dialogar com eles? As histórias mitológicas têm o mesmo papel: elas põem em perspectiva nossas experiências contemporâneas, fazendo evidenciar o que elas têm de eternamente humano.

Este livro é a síntese do que li, vi, ouvi e senti a respeito dos homens e da minha própria vida de homem durante três anos. Não creio que as ideias elaboradas aqui sejam completas ou abordem todas as questões. Não é esse, aliás, o objetivo de meu trabalho. Tampouco me preocupo em "ter razão". De fato, eu me dediquei apenas a temas que me tocavam interiormente.

A questão do pai e da identidade masculina surge atualmente no espírito da época a partir das profundezas do inconsciente coletivo. Parece-me que o melhor a fazer é aceitar refletir sobre o assunto e interpretar os novos dados evolutivos que porventura apareçam. É para o futuro que somos impulsionados pelas imagens que nos habitam. Eu não sei o que é o homem, muito menos o que ele deveria ser. Procuro em primeiro lugar senti-lo e fazer disso uma experiência íntima. Procuro deixar aflorar o homem em mim.

Para mim, não há modelo de homem ideal, do mesmo modo que não há família ideal. Todos nós viemos de um passado mais ou menos deficiente que nos projeta para a frente, forçando-nos a adaptações criativas. Muitos dos nossos pais tiveram de atender às necessidades materiais; a sua consciência é largamente definida pela necessidade de garantir a sobrevivência no nível físico. Eles falam por meio de seus gestos e calam tanto seu amor quanto sua dor. Eles têm dificuldade em separar sua individualidade de suas funções de pai ou de mãe, e ficam incomodados quando lhes pedimos para expressar sentimentos mais íntimos.

Por meio da janela da nossa própria consciência, vislumbramos um mundo tão diferente do deles, que às vezes parece que toda possibilidade de diálogo está comprometida. Isso porque as molduras da nossa janela são psicológicas e nos fazem enxergar o universo como uma rede de relações psicológicas. Mas não podemos esquecer que é o acesso à segurança material e à educação, acesso que devemos aos sacrifícios dos nossos pais, que nos permite responder às necessidades mais interiores, que são hoje as nossas.

Não são os pais e as mães que julgo neste livro, mas sim o silêncio que envolveu a todos nós. O papel dos filhos é, agora, quebrar esse silêncio. A alma do mundo, que se esconde sempre que há perturbação e desordem, age agora sobre os homens. Estamos sentados na cadeira ardente da mudança.

1

O pai ausente

> E os psicanalistas rivalizam em imaginação; poderíamos
> conceber um pai imaginário, um pai simbólico ou um pai real
> (desde que se tome a precaução de dizer que o real não existe),
> toda essa abundância de significantes em torno do pai esconde
> um único fato: o significado pai é vazio.*
>
> – CHRISTIANE OLIVIER

O silêncio do pai

Mal havia começado este capítulo, quando o sonho que tive na noite passada me veio à mente:

Eu tinha de ajudar a Jane Fonda – morena, sedutora e dinâmica –, a acompanhar um homem idoso, de estatura imponente, até o segundo andar de um prédio vizinho para que ele possa ir ao banheiro. Chegada a hora de subir as escadas, o homem se coloca categoricamente atrás de mim e agarra-se a meu cinto; ele fica parado, e a subida revela-se bem penosa; eu preciso literalmente arrastá-lo. Sinto todo seu peso, e meu cinto, esticado a ponto de quase arrebentar, crava-se cruelmente em meu corpo.

Na entrada do meu consultório, esse sonho leva-me a refletir. Como é doloroso, de fato, fazer ressurgir o passado e puxar esse velho homem, que

---

* OLIVIER, Christiane. "Pères empêchés", em *Autrement* (Pères et fils), nº 16, Paris, junho de 1984, p. 205.

o simboliza, até o lugar em que ele poderá se "aliviar". Como esse passado é implacável: ele me corta o corpo. Como é pesado fazer "subir" à consciência a experiência vivida com o pai.

Ainda bem que Jane Fonda está lá para me acompanhar nesse verdadeiro *work out!* No sonho, aliás, é por ela que faço aquilo, como se minha *anima,** representada pela atriz, uma virtuose da expressão, exigisse a quebra do silêncio hereditário.

Muitas coisas vêm à tona: os bons como os maus momentos da relação com o meu pai. Eu me lembro das nossas brincadeiras, das nossas cumplicidades contra minha mãe; lembro-me também das histórias de sua infância, pobre mas feliz, "no bosque", dos seus anos de trabalho como lenhador, da sua vinda para a cidade: todas essas histórias que se haviam tornado verdadeiros mitos e que eu não me cansava de ouvir. E de repente, na puberdade, no momento em que eu mais precisava dele, ele me deixou na mão. Ele evaporou, desapareceu.

Na verdade, fui eu quem desapareci, ao tornar-me interno no Seminário. No início, eu saía quatro horas por semana. Recordo-me das minhas esperanças sempre renovadas, a cada domingo, de ver surgir uma conversa entre nós. Eu me sentava na poltrona da minha mãe, bem perto daquela em que meu pai lia o jornal dele. Eu queria tanto que ele me dissesse algo, que ele falasse comigo, que me contasse qualquer coisa sobre o seu trabalho ou sobre foguetes que voavam no espaço. Eu me esforçava para achar perguntas que poderiam interessá-lo. Eu bancava o "homem", tinha muita necessidade de que ele me reconhecesse. Tudo em vão. Talvez eu não lhe interessasse, ou talvez ele sentisse que seu dever comigo já estava cumprido. Afinal, não era graças a ele que eu ia receber a educação que lhe havia tão cruelmente faltado?

Mais tarde, quando concluí meus estudos – e meu pai continuava sofrendo por não ter feito o mesmo –, esboçamos algumas conversas que nos levaram a verdadeiros becos sem saída. A maneira com a qual ele defendia

---

* A *anima* representa para Jung a parte feminina de um homem, e o *animus* a parte masculina da mulher. Trata-se de fato da contraparte sexual que cada um carrega em si, já que o sexo só é determinado por um único cromossomo. A *anima* é a personalidade interior, inconsciente de um homem, sua ponte para o mundo interior.

as suas posições não me levava a lugar algum; ao menos era essa a impressão que eu tinha daquilo. Ele me deixava sozinho, sem reconhecimento mais uma vez; meus argumentos não valiam nada e não podiam valer nada: não adiantava tentar, eu não era um homem. Se ele soubesse o quanto eu o buscava, o quanto precisava dele. Se eu pudesse ter lhe dito isso.

Lembro-me – eu era bem pequeno ainda – de que meu pai, quando recebia a visita de seus irmãos, passava a tarde inteira no porão, discutindo com eles o sentido da vida, de Deus. Sentado nos degraus da escada e recebendo os ecos das conversas deles, eu ficava feliz; tinha muita pressa de ser grande para poder entrar naquela conversa também. Então, quando me tornei de fato adulto, meu pai tinha medo de discutir comigo, pois meus valores eram muito diferentes dos dele. Ele só me incriminava por seu silêncio. Eu me via novamente naquela poltrona da mãe, à espera da palavra do pai. Eu estava lá, tímido, aprisionado, em busca de uma palavra, de um membro, de um falo, pedindo a confirmação da minha realidade de homem. Mas o silêncio do meu pai me impunha permanecer para sempre um garotinho fascinado por uma discrição que eu tomava por segurança.

Estes são os fragmentos de uma pequena história que não tem nada de realmente trágico; afinal, eu tinha um pai mais presente que a maioria dos adolescentes da minha idade. Porém, essa história ainda me faz mal. Até hoje, quando quero falar seriamente com meu pai, perco o fôlego; sinto esse peso, essa barreira invisível e tão difícil de superar, como se dirigir-lhe a palavra fosse tabu. Sim, a barreira ainda existe, apesar da boa vontade dos dois, com a diferença de que, agora, sinto-me tão responsável pela situação quanto ele. Amo meu pai, mas não sei como derrubar esse muro. Em certos momentos, parece-me até indecente querer derrubá-lo. Do que temos tanto medo afinal?

A lei do silêncio

Por meio da minha prática analítica e das minhas conferências, pude constatar que esse sofrimento estava longe de ser somente meu. Todos os homens vivem mais ou menos em um silêncio hereditário que se transmite de uma geração à outra e que nega o desejo de cada adolescente de ser reconhecido, ou até confirmado pelo pai. Como se nossos pais tivessem sido condenados por uma espécie de lei do silêncio, segundo a qual aquele que fala arrisca a sua vida por ter traído um segredo.

Nossos pais fugiram para os bosques, as tabernas, o trabalho. Eles se refugiaram também no seu automóvel, na leitura do jornal, diante da televisão. Eles com frequência preferiram uma evasão para um mundo abstrato e sintético, desprezando o presente, o cotidiano, o corpo. O homem de ontem e de hoje cede ao canto poderoso das mídias que, tais como sereias, atraem seu Ulisses. A dependência das mídias, como uma droga sem a qual não se pode ficar, evita-lhe ter de falar, ter de encarnar-se ou de entrar em relação. Pseudoindependência do homem, retraído em si mesmo, ainda que não o pareça.

No fundo, é impossível jogar a culpa sobre os nossos pais, eles mesmos são vítimas da história. Evidentemente, estamos muito longe hoje do nicho ecológico da nossa espécie, no qual os filhos da tribo tinham regularmente acesso aos pais e podiam observá-los nas suas práticas. É fato que os homens contemporâneos têm poucas chances de viver e atualizar seu potencial masculino na presença do pai. Desde os primórdios da era industrial, há cada vez menos contatos prolongados entre os pais e os filhos. Uma distorção parece estar introduzida entre as necessidades inatas dos filhos e os comportamentos dos pais atuais; esses pobres pais encontram-se impotentes para conjurar o destino que lhes cabe. O vazio é mais sentido do lado paterno à medida que sucumbem os hábitos ancestrais, fator que contribui cada vez mais para a desordem da identidade masculina.

A síndrome do vencido

Quebec* pode servir de caso particular no estudo deste desvio de um masculino que está se esvaziando de sua substância. Aqui, o declínio ocidental da virilidade foi acentuado pela conquista da Nova-França pela Inglaterra em 1760. Esse apoderamento criou nos pais quebequenses uma tendência a assumir um comportamento de dominados e vencidos. A expressão popular "être né pour un petit pain"** reflete também muito bem

---

* N.E.: O autor é originário desta província do Canadá.

** N.T.: Em adaptação livre para o português: "nascido para viver de pão". Expressão nativa de Quebec, usada para indicar falta de ambição e resignação à mortalidade.

essa questão. Nossos complexos de inferioridade nos levam a praticar a redução sistemática. Nossos maiores homens políticos tornam-se *"ti-gars"* ou *"rapazinhos"*. Até René Lévesque ganhou o apelido no Canadá de *"Ti--poil"** [Cabelinho]!

Porém, para Heinz Weinmann, autor da obra *Du Canada au Québec [Do Canadá ao Quebec], a conquista não foi tão dolorosa quanto o fracasso da revolta de 1837 contra o conquistador inglês.*** Isso se entende facilmente do ponto de vista psicológico: a conquista foi passiva – o Quebec trocou simplesmente de pais adotivos – e inclusive atendeu aos interesses de inúmeros habitantes que esperavam mais generosidade do rei inglês. Quanto à revolta de 1837, ela toma toda uma outra dimensão: um ato de autonomia foi quebrado ali. A manifestação ativa e sustentada por um primeiro desejo de independência acaba em um fracasso mordaz.

O homem quebequense, humilhado e abatido no seu desejo de se superar, carrega um estigma. No nível individual, tais feridas de amor próprio fazem com que a pessoa adote comportamentos de retração; sentindo-se inferior, ele se esconde. No plano coletivo, assistimos ao mesmo fenômeno.

De certa forma, não se poderia dizer que, quando a Revolução Industrial vem quebrar a filiação natural, todos os pais ocidentais encontram-se conquistados, e todos os filhos feridos em seu amor-próprio?

"Pai, por que me abandonaste?"

Assim como os mitos nos revelam as estruturas de base da história, poderíamos dizer que o silêncio do pai e a queixa do filho achavam-se já anunciadas pelo mito cristão. O mito central que guiou os últimos milênios da nossa evolução é surpreendentemente marcado pela ausência do pai. Bem no início, São José verá sua paternidade negada e participará muito pouco da vida ativa de seu filho Jesus. Não o encontraremos embaixo da Cruz

---

* N.T.: Simplificações de *"petit-gars"* e *"petit-poil"*, diminutivos que denotam intimidade.

** WEINMANN, Heinz. *Du Canada au Québec, généalogie d'une histoire.* Col. Essai. Montreal: L'Hexagone, 1987, p. 17.

com Maria e os outros apóstolos. E é de fato Maria, segurando seu filho morto nos braços, que Michelangelo imortalizará em sua *Pietà*. As últimas palavras de Cristo na Cruz não podem ser mais explícitas: "Pai, por que me abandonaste?"

O pai distante

Mais concretamente, se olharmos os números que se referem à ausência literal do pai no lar, constatamos que o problema do pai ausente é generalizado. Por exemplo, no Canadá, segundo os dados do recenseamento de 1986, cerca de uma criança a cada sete vive em uma família sem pai. Uma família a cada cinco é monoparental (18,8% das famílias) e, dessas famílias monoparentais, 79% são dirigidas por mulheres sozinhas; as famílias monoparentais reúnem 16% das crianças que vivem em casa, 13% são de famílias sem pai.[*]

Em Quebec, essa proporção aumenta: uma criança a cada seis vive sem pai. Vinte por cento das famílias são monoparentais, das quais 79% são dirigidas por mulheres; essas famílias reúnem 18% do total das crianças, das quais 14% encontram-se sem pai.[**] Nos Estados Unidos, uma criança a cada cinco vive em uma família sem pai. De fato, uma criança a cada quatro viveria em situação monoparental, e 89% das famílias seriam lideradas por mulheres.[***]

---

[*] De acordo com os dados integrais do recenseamento de 1986, há 4.533.430 famílias com filhos no Canadá; 853.640 são monoparentais, 701.905 são dirigidas por mulheres e 151.740 por homens. Há 8.578.340 filhos que vivem em situação familiar, dos quais 1.368.060 em famílias monoparentais: 1.129.000 em famílias monoparentais dirigidas por mulheres, e 239.065 crianças que vivem em famílias monoparentais dirigidas por homens. (Fonte: *Statistique Canada.*)

[**] De acordo com esse mesmo recenseamento, há 1.214.060 famílias com filhos em Quebec; 255.810 dentre elas são monoparentais, 208.630 são dirigidas por mulheres, e 44.180 são dirigidas por homens. As famílias monoparentais apresentam 394.300 filhos de um total de 2.222.085 filhos que vivem em casa; 325.895 filhos vivem somente com a mãe e 68.415 com o pai. (Fonte: *Statistique Canada.)*

[***]Esta estatística foi fornecida por Radio-Canada, CBC Télévision, programa de informações *Le Point,* 4 de abril de 1988.

Na França, segundo os dados fornecidos pela INSEE a partir do recenseamento de 1982, 1.307.860 filhos, de 0 a 24 anos, vivem em famílias monoparentais cujo genitor é uma mulher. A federação sindical das famílias monoparentais estima que em 1988 quase 2.000.000 de crianças viviam com um dos pais, dentre eles 85% eram mulheres; o que significa que haveria atualmente 1.700.000 crianças que vivem sem pai na França. Na Suíça, havia, em 1980, 170.485 crianças que viviam sem pai. Mas esses números surpreendentes falam unicamente da ausência literal do pai; eles não nos dizem se os pais que estão presentes em casa são adequados ou não.

O pai ausente

O termo "ausente", que uso no título deste livro, mostra-se muito mais geral do que "sem pai". O sentido que dou à expressão "pai ausente" abrange tanto a ausência psicológica como física do pai, significa tanto a ausência de espírito como a ausência emotiva; contém igualmente a noção de um pai que, apesar de sua presença física, não se comporta de modo aceitável; penso aqui nos pais autoritários, opressores e invejosos dos talentos de seus filhos, dos quais esmagam toda iniciativa criativa ou toda tentativa de afirmação; penso enfim nos pais alcoólatras, cuja instabilidade mantém os filhos em uma insegurança permanente.

Os filhos carentes

Em relação à expressão "filhos carentes", com o risco de fazer mau uso das palavras, quis destacar o fato de que não se constrói uma relação entre pais e filhos. Não quer dizer bem que os filhos são "carentes" no sentido estrito da palavra, mas sim de que são "carentes" de pai. Assim, a falta de atenção do pai tem por consequência o fato de o filho não se identificar com ele para estabelecer sua própria identidade masculina; do mesmo modo, ele não se sente suficientemente firme e seguro da presença do pai para passar à fase adulta. Ou ainda, o exemplo de um pai violento, fraco ou sempre bêbado lhe causou repulsa a ponto de levá-lo a recusar decididamente a identificação do lado masculino; então ele se empenha não só a desprezá-lo, mas também a não se parecer com ele de modo algum.

A fragilidade da identidade masculina

O silêncio dos pais consagra a fragilidade da identidade sexual dos filhos. De fato, a personalidade constitui-se e diferencia-se por uma série de identificações. A identificação é um "processo psicológico pelo qual um sujeito assimila um aspecto, uma propriedade, um atributo do outro e transforma-se totalmente ou parcialmente a partir desse modelo".* Para poder ser idêntico a si mesmo, é preciso ter sido idêntico a alguém, é preciso ter-se estruturado incorporando, "colocando-se no seu corpo", imitando outra pessoa.

Mas para que esse movimento realize-se de fato, é preciso ter obscuramente reconhecido um elemento comum no outro. Esse movimento é trazido pelo que Freud chamou de fantasma originário, que nos liga ao outro. Jung deu posteriormente o nome de "arquétipo" a essa tendência inata que leva, por exemplo, um filho a reconhecer-se em seu pai.

A mulher é, o homem deve ser feito

A primeira escolha de objeto, a primeira identificação, para toda criança, efetua-se com a mãe. Contudo, para virar "homem", o jovem macho deve passar dessa identificação primária com a mãe à identificação com o pai. Essa transferência de identificação é delicada e perigosa, a tal ponto que as sociedades tribais marcavam-na com ritos "iniciáticos". Estes tinham por função ajudar os adolescentes a começar sua vida de homem adulto, a serem iniciados.

A iniciação dos adolescentes do sexo masculino é um dos ritos mais estruturados e mais expandidos pelo mundo; os ritos referentes às adolescen-

---

* LAPLANCHE, J. e PONTALIS, J.-B. *Vocabulaire de la psychanalyse.* Paris: Presses Universitaires de France, 1967, p. 184. (Edição brasileira: *Vocabulário da psicanálise.* São Paulo: Martins Fontes, 2001.)

tes do sexo feminino, ainda que existentes, são menos universais e frequentemente menos elaborados. De fato, no que se relaciona à identidade sexual, poderíamos dizer que se a mulher "é", o homem deve ser "feito".[*] Em outras palavras, as menstruações, que abrem para a adolescente a possibilidade de ter filhos, fundam sua identidade feminina; trata-se, por assim dizer, de uma iniciação natural que a faz passar do estado de menina ao de mulher; porém, no homem, um processo educativo deve substituir a natureza para quebrar a identificação primária com a mãe. O rito iniciático tinha o objetivo de tornar oficial a separação da mãe e fazer o adolescente passar para o nível de homem.

Na verdade, os ritos de iniciação dos adolescentes são tão disseminados que podemos nos questionar se a masculinidade dos filhos seria despertada se ela não fosse forçada. Os biólogos afirmam, em todo caso, que no nível embrionário, somos todos "mulheres" inicialmente; de fato, bem no início da gravidez, as características masculinas do embrião não são discerníveis. Isso parece nos sussurrar gentilmente na orelha que o masculino é, por assim dizer, uma "qualidade acrescentada"; talvez seja isso o que consagra a sua fragilidade.

No nível psicológico, ao menos, essa realidade biológica parece explicar o fato de que a identidade masculina tem uma constante necessidade de reforço e de que ela deve ser sustentada regularmente por outras presenças masculinas para poder continuar estável. Além disso, existem vários povoados onde os homens tricotam e as mulheres vão aos campos, como se a masculinidade ficasse adormecida quando ela não é iniciada por um ritual.

O mundo tribal via a identificação com o pai como subsequente à identificação com a mãe. E é interessante constatar que, espontaneamente, a família monoparental encontra esse modelo quando, na puberdade, o filho exprime a vontade de ir viver com o seu pai. Na realidade, várias identificações acontecem ao mesmo tempo na psique. Mas, para que o filho reconheça-se no pai, é preciso que o pai esteja ali.

---

[*] STEVENS, Anthony. *Archetypes: A natural history of the self.* Nova York: William Morrow, 1982, p. 154.

A tríade pai-mãe-filho

Para evoluir, um homem deve ser capaz de identificar-se com sua mãe e com seu pai. A tríade "pai-mãe-filho" deve poder formar-se e substituir a díade "mãe-filho". De todo modo, se o pai estiver ausente, não há transferência de identificação da mãe para o pai; o filho continua então preso na identificação com a mãe. A ausência do pai significa automaticamente uma influência maior da mãe, então carregada de uma responsabilidade pesada demais para seus ombros. Nessas circunstâncias, a triangulação não tem como ser feita, ou ela é mal-feita; o efeito imediato é que, no que concerne a sua identidade sexual, os filhos continuam colossos com pés de barro.

Aliás, quando se coloca a questão da mãe nos retratos dos homens que seguirão, é preciso manter em mente que se trata sempre de uma história a três, de um triângulo amoroso. Nesse sentido, a literatura analítica, que descreveu amplamente a influência das mães sobre seus filhos, em geral esqueceu de mencionar que, se elas eram tão presentes e onipotentes, é porque os pais simplesmente estavam ausentes.

O pai presente

O pai é o primeiro *outro* que a criança encontra fora do ventre da mãe. Bem indistinto para o recém-nascido, o pai encarna primeiramente a não-mãe e dá forma a tudo o que não é "ela". Ele torna-se o terceiro elemento nessa história de amor, introduzindo um fator de separação entre a mãe e a criança. Por sua simples presença, ele provoca a diferenciação; reivindicando sua mulher, ele põe um fim na simbiose paradisíaca na qual vivem mãe e filho. "Sua mãe é minha mulher, ela me ama também!" A criança sente que não é mais o único objeto de cobiça. Nesse sentido, o pai encarna um princípio de realidade e de ordem na família.

Contudo, pensando bem, o verdadeiro fator de separação entre a mãe e a criança não é o pai, mas sim o desejo, o desejo do casal de se encontrar, independentemente da criança.[*] Nem que seja para permitir a manifesta-

---

[*] Devo essa ideia ao dr. Élie Humbert, analista junguiano em Paris.

ção desse desejo, a presença do pai é importante. Existem pais que brutalmente põem fim na simbiose, mas é, na maioria das vezes, porque eles invejam a grande atenção dada ao filho por parte da sua companheira. Em geral, ocorre algo bem diferente: o próprio desejo amoroso do casal encarrega-se de quebrar o fascínio exclusivo de que o filho desfruta e de que, de fato, ele deve desfrutar por algum tempo para assegurar um início sadio na vida.

O pai ajuda a criança na constituição de uma estrutura interna. Mais especificamente, sua presença permitirá à jovem criança, e particularmente ao jovem homem, o acesso à agressividade (afirmação de si e capacidade de se defender), o acesso à sexualidade, no sentido da exploração, assim como ao logos, entendido como uma aptidão para a abstração e a objetivação.

Facilitará igualmente sua passagem do mundo da família ao da sociedade – uma função seguramente em mutação –, tanto para a menina como para o menino. De fato, geralmente, as crianças que foram bem "paternizadas" sentem-se seguras em seus estudos, na escolha de uma profissão ou na tomada de iniciativas pessoais.

O amor do pai apresenta-se frequentemente mais condicional, por conseguinte são as realizações da criança que ele vai encorajar: "Se você conseguir tal coisa, vou lhe dar o que deseja!" Essa presença do elemento "condicional" revela-se crucial no desenvolvimento do senso das responsabilidades, do gosto por superar-se, e até pelo respeito da hierarquia; mas ela só agirá positivamente se for contrabalançada pela afeição, da qual os adolescentes têm igual necessidade.

Ter sido amado de modo não ambivalente pelo pai significa que ele mostrou-se atencioso, que realmente se interessou pelos nossos projetos, encarregando-se de estabelecer certos limites, criando assim o quadro que propicia uma segurança indispensável ao nosso desenvolvimento harmonioso. Ele não se escondeu covardemente atrás da sua mulher para impor suas opiniões e suas decisões; ele soube revelar suas forças e suas fraquezas em vez de ser simplesmente evasivo, ou pior, estupidamente autoritário.

Assumindo suas próprias imperfeições, o pai abre ao filho um mundo real onde não esperam dele só a perfeição. Um mundo onde o exercício do poder não se torna necessariamente um exercício humilhante, onde a competição e a emulação sadias não provocam necessariamente a úlcera no estômago, em que a competência pode ser uma fonte de alegria e não de alienação. "Os atos significantes de paternidade são gestos que fazem o equilíbrio entre a atenção e o apoio que a criança requer e os limites que devem ser impostos à sua dependência infantil."*

A "paternagem" inadequada

Um pai pode ser inadequado, comportando-se de modo inaceitável perante seu filho. Eu gostaria de resumir, em alguns pontos, o que constitui uma frustração muito grande para a criança:

1. A ausência prolongada do pai, pouco importa a causa, que seja um abandono puro e simples ou internação hospitalar que implique uma longa separação da criança.
2. A falta de resposta do pai às necessidades de afeição e de ligação do filho. O pai negligencia os comportamentos pelos quais a criança demonstra sua necessidade de atenção e a rejeita.
3. As ameaças de abandono por parte do pai, utilizadas com o objetivo de punir ou de disciplinar a criança. Pode tratar-se de ameaças de abandonar a família, de não dar mais amor à criança, de se suicidar se o filho continuar agindo de um determinado modo, de matá-lo ou de matar o outro genitor.
4. A indução de culpa na criança. Trata-se de afirmações que visam tornar a criança responsável pela doença ou até pela morte de um dos genitores.
5. Um pai que dá trabalho ao filho; no caso de um pai alcoólatra, por exemplo, o filho pode se sentir obrigado a agir como um pai. Assim, ele cresce rápido demais para a sua idade.

---

* SHAPIRO, Stephen A. *Manhood: a new definition.* Nova York: G. P. Putnam's Sons, 1984, p. 97. (Tradução do autor.)

Acredito que essas atitudes, documentadas por Anthony Stevens,[*] resumem eloquentemente os principais traumas relatados pelos clientes em terapia. Eu acrescentaria mais dois: agredir fisicamente o filho de forma regular, e fazer dele o bode expiatório da patologia familiar.

Esses comportamentos paternos provocam no filho uma falta de confiança em si mesmo, uma timidez excessiva e uma dificuldade de adaptação. Com frequência, sua maturidade será prejudicada e ele continuará dependente demais, sofrerá de angústias, de depressão, de obsessões, de compulsões e de fobias; além disso, terá tendência a reprimir fortemente a sua raiva. Seu desejo ardente de amor poderá manifestar-se de modo aberrante, por exemplo, por meio de tentativas de suicídio parcialmente desejadas, fugas, falsas doenças, palavras culpabilizantes e manipulações de todos os tipos.

Pode-se notar igualmente que, quanto mais as carências são sentidas por causa da "ausência" do pai, mais elas são compensadas por uma idealização inconsciente. Alguém cujo pai abandonou o lar idealiza sua figura ou busca constantemente na realidade uma figura de pai ideal. Seu desejo com frequência o tornará cego, a ponto de avaliar mal com quem ele mantém relações e se sentirá traído novamente por uma figura parterna substituta.

O que dizem os pesquisadores

Os filhos que não receberam "paternagem" adequada enfrentam com frequência os seguintes problemas: na adolescência ficam confusos em relação à sua identidade sexual e é comum apresentarem uma feminização do comportamento; falta-lhes amor próprio; reprimem sua agressividade e, pelo mesmo fato, sua necessidade de afirmação, sua ambição e sua curiosidade exploratória. Alguns podem sofrer bloqueios no que diz respeito à sexualidade. Eles podem também ter problemas de aprendizagem. Eles frequentemente têm dificuldades de assumir valores morais, a tomar respon-

---

[*] Stevens, Anthony. *Op. cit.*, p. iii. (Tradução do autor.) Adaptei esses elementos à relação pai-filho, mas eles se aplicam também à relação que a mãe pode manter com os seus filhos.

sabilidades e a desenvolver um sentido do dever e das suas obrigações com os outros. A ausência de limites se manifestará tanto na dificuldade em exercer uma autoridade como em ter de respeitá-la; finalmente, a falta de estrutura interna levará a uma certa apatia, uma ausência de rigor e, em geral, complicações na organização da própria vida. Além disso, as pesquisas demonstram que eles estão mais inclinados à homossexualidade que os filhos que tiveram pais presentes. Eles são também mais propensos a desenvolver problemas psicológicos:* no pior dos casos, será a delinquência, a droga e o alcoolismo, tudo que nutre uma revolta sem fim contra a sociedade patriarcal, revolta que volta a atribuir ao pai faltoso a imagem da sua falta.

O pai é importante desde o início

Os psicólogos acreditavam até então que o papel do pai começava no terceiro ou no quarto ano da criança, quando esta podia falar. Os psicanalistas chegaram até a interpretar como uma frustração benéfica e necessária a semipresença do pai na família. Contudo, os últimos trinta anos de pesquisas em psicologia do desenvolvimento reservaram várias surpresas aos seus autores.

Nos Estados Unidos e na Noruega, vários estudos, conduzidos com populações de garotos que apresentavam problemas, chegaram a conclusões similares, desestruturando muitas crenças: é ao longo dos *dois primeiros anos* de sua existência que os meninos têm absolutamente necessidade do pai. De fato, os meninos observados tinham em comum ter sofrido da ausência do pai durante os dois primeiros anos das suas vidas. Tratava-se, na maioria dos casos, de filhos de soldados, abandonados enquanto tinham pouca idade, ou ainda de filhos de marinheiros, cujos pais ausentavam-se de casa nove meses por ano. Logo, encontram-se nesses garotos os mesmos desenvolvimentos atípicos que nos órfãos colocados nos lares de ado-

---

* BILLER, Henry B. "Fatherhood: implications for child and adult development". In: *Handbook of developmental psychology*. Publicado sob a direção de Benjamin B. Wolman, Englewood Cliffs: Prentice Hall, 1982, p. 711-714.

ção inadequados ou nos filhos de famílias monoparentais criados de modo isolado e com falta de substitutos paternos. Em todos os filhos sem pai, encontra-se sistematicamente uma deficiência quanto ao plano social, sexual, moral ou cognitivo.

Henry Biller, que realizou vários desses estudos, nota até o seguinte fato: "Os meninos que sofreram com a ausência do pai ao longo dos dois primeiros anos de vida são mais deficientes, em várias dimensões do desenvolvimento de sua personalidade, que os meninos que foram privados do pai em uma idade mais avançada. Por exemplo, os meninos cujo pai se ausentou enquanto tinham menos de 2 anos de idade, revelaram-se menos confiantes e menos engenhosos, seus sentimentos de inferioridade eram maiores que nos meninos cujos pais tinham se ausentado entre as idades de 3 a 5 anos."[*]

Conforme esse autor insiste, muitos estudos demonstram que uma relação calorosa e afetuosa entre um pai e seu filho vai reforçar o desenvolvimento da identidade masculina deste último. Ele adiciona ainda que os limites e a disciplina impostos pelo pai só serão eficazes no contexto de tal relação, e que de outro modo eles correm o risco de impedir o filho de imitar o pai.

Por fim, ele fala da qualidade da relação entre o pai e o filho sendo tão importante como a presença do pai. Ele afirma que um pai deve demonstrar suas qualidades de independência e de competência no trabalho; o filho corre o risco de permanecer uma pessoa passiva e não se afirmar se, ao chegar em casa, o pai se limitar a esticar o corpo sobre o sofá para assistir televisão, sem participar do funcionamento da família.

O corpo do pai

Uma das consequências principais da ausência do pai é que os filhos são deixados sem corpo. Ora, o corpo é a base de toda identidade, é onde uma identidade deve necessariamente começar. A identidade do filho está ancorada no corpo do pai.

---

[*] *Ibid.*, p. 706.

O corpo do homem ainda pertence à mãe

Como a mãe faz a criança dentro de seu corpo, os domínios que lhe pertencem são em geral considerados como interiores, enquanto os do pai permanecem exteriores. Tendo começado sua relação íntima e privilegiada com a criança em seu próprio seio, a mãe vai prolongá-la depois do nascimento. É ela que troca as fraldas do filho, acaricia-o, embala-o, canta-lhe canções; logo, ela tem um acesso direto ao corpo dele e ela o impregna de si mesma por todos os sentidos.

O pai, ao contrário, fica no exterior. Seu esperma já vinha de fora em relação ao local onde se desenvolveria o feto e então é posto a distância logo após o nascimento da criança. Sua mulher se apodera dele, como de um bem pessoal, enquanto o projeto era fazer um filho a dois. Ou essa situação lhe é conveniente – afinal de contas, não é preciso, agora que o pequeno está ali, trabalhar um pouco mais para trazer mais dinheiro ao lar? – e ele se resigna; ou fica frustrado e vai tornar-se um "pai impedido"* que a possessividade da mulher distanciou do corpo do filho. E com o desenvolvimento da criança no meio familiar, as coisas permanecerão dessa forma: ela terá muito a fazer com sua mãe e bem pouco com seu pai.

A consequência primordial disso é que *os filhos não se desenvolverão positivamente em relação ao corpo do pai, mas ainda mais negativamente contra o corpo da mãe e o corpo feminino*. É aí mesmo, nesse local preciso, que a história de amor entre a mãe e o filho torna-se uma luta de poder: é aí mesmo que o filho começa sua guerra contra a mulher. O mais surpreendente é que essa guerra dos sexos é baseada em um total desprezo, querendo que o reino do corpo, dos sentimentos e do carinho pertença exclusivamente às mulheres, e o do espírito, do mundo exterior e do trabalho, exclusivamente aos homens, embora isso não convenha a ninguém.

Mais profundamente ainda, essa situação perturba a relação que os homens mantêm com seu próprio corpo. Ele fará, por conseguinte, *uma repressão de toda a sensualidade e de toda a "corporalidade"*. Na mente do filho, os homens não podem se deixar tocar, acarinhar, inspirar, sentir, rir e cho-

---

* A expressão é de Christiane Olivier: *op. cit.*, p. 201-207.

rar; ele só viu esses comportamentos na mãe. O adolescente se empenhará em negar que ele tem um corpo. Até a sua sexualidade nascente, forte como todas as coisas que nascem, ele deverá aprender a reprimir, pois, além do mais, é pecado entregar-se a isso. Mais tarde, quando fizer amor, ele se concentrará no prazer genital, sem deixar as sensações ou as brincadeiras ultrapassarem muito as zonas erógenas, por medo de comportar-se como mulher, ou parecer com uma mulher aos olhos da sua parceira. Somente às escondidas, na solidão, ele se permitirá essa sensualidade que julga "pervertida". Ou então se entregará a prazeres que permitem ao homem ser sensual sem ser tratado como afeminado: o amor por vinhos e pela boa comida.

A primeira consequência do abandono dos filhos aos cuidados exclusivos da mãe é o medo das mulheres e, sobretudo, o medo de ser uma delas; a segunda consequência é que, durante toda a sua vida, eles terão medo do corpo, tanto do das mulheres como do deles.

O medo da homossexualidade

O fato de não ter recebido afeição física por parte de um pai fará nascer um outro medo no filho: o de ser homossexual.

Na realidade, todas as pessoas têm uma tendência erótica dirigida às pessoas do mesmo sexo. Essa tendência nutre a afeição, a amizade e a admiração que nós temos pelas pessoas do nosso próprio sexo. Em resposta a algumas faltas do ambiente familiar, essa predisposição homossexual pode estar particularmente ativa e se tornar uma solução criativa que permite a sobrevivência do indivíduo. Aliás, do mesmo modo que o heroísmo ou o dom-juanismo, dos quais falarei mais adiante, a homossexualidade tem suas raízes arquetipais que mergulham no mais profundo da história da humanidade. Mas temos tanto medo de reconhecer essa dimensão de nós mesmos que preferimos "banir os homossexuais". Na verdade, confundimos talvez identidade masculina e experiência sexual. Não é porque alguém é homossexual que ele não é homem, mas a cultura nos mantém nessa ambivalência.

O medo de ser homossexual está enraizado tão profundamente no homem, sua presença é tão insidiosa e perpétua, que acaba por assombrar todas as relações de amizade que os homens têm entre eles; ela envenena toda possibilidade de um erotismo masculino, e é ainda ela que impede muitos pais de tocar seus filhos.

Os homens são pegos em uma verdadeira camisa de força. Assim que aflora o domínio de sua sensibilidade, o homem se vê confrontado com sua homossexualidade latente, ainda mais poderosa se considerarmos que toda a sua sensualidade potencial se refugiou ali. No limite, se quiser se reapropriar de seus sentidos, sua única opção será tornar-se homossexual ou arriscar ser visto como tal por outros homens, às vezes até por mulheres.

Annette Fréjaville, uma psicanalista francesa, fala da necessidade, bem nos primeiros meses da vida da criança, de idealizações mútuas entre pai e filho, que ela chama de "homossexualidade primária" ("Quando crescer, meu filho será engenheiro!", "Quando eu for adulto, serei como meu pai!"), para que seja possível construir a identidade sexual do garoto. Ela crê também na necessidade de uma "história de amor" entre pai e filho, já na ocasião dos primeiros balbucios da criança. Essa história vai favorecer o desenvolvimento genital, logo que a diferenciação sexual começar a ocorrer. "A homossexualidade primária" permitirá ao filho, mais adiante, engajar-se com mais segurança na heterossexualidade.

Uma pesquisa feita com adolescentes homossexuais no ensino médio revelou uma maioria de garotos superdotados e hipersensíveis. Esse fato me parece fundamental. Esses filhos escolhem a homossexualidade por não encontrarem no pai um reflexo de sua própria sensibilidade. Porque os homens foram levados a reprimir toda expressão aberta de sua sensibilidade, seus filhos não podem se identificar com eles: os meninos não encontram a semelhança que está na base de toda identificação. Esses jovens superdotados se reconhecem ainda menos nos papéis tradicionais atribuídos aos homens e, como resultado, rejeitam as instituições sociais tais como o casamento e a família.

A homossexualidade exprimiria a necessidade de uma ancoragem no masculino, no que é igual a si; ela traduziria, por isso mesmo, até a busca inconsciente pelo pai, a procura de uma identidade masculina. Se tivesse havido, por parte do pai em relação ao filho, a afeição física que estimula a possibilidade de identificação, pode-se questionar se muitos homens que decidiram viver a homossexualidade para poder exprimir sua sensibilidade não teriam feito escolhas diferentes.

Assim como a maioria dos homens, os homossexuais são não só filhos que tentam ainda livrar seu corpo da dominação materna, como homens que não aguentam mais ter de viver segundo as imposições ridículas de uma sociedade que os proíbe de ter acesso a seus sentimentos. Hoje discriminados por uma sociedade que não compreende como pode ter produzido tantos deles, os homossexuais talvez estejam na linha de frente da luta dos homens pela reapropriação de seus corpos.

Poluir o corpo da Terra

No plano coletivo, essa negação do corpo tem também consequências desastrosas; a tentativa desesperada dos homens de não serem assimilados pelo corpo da mãe não explica, em parte, seu desprezo por outro corpo, aquele da Terra? A devastação e a poluição da Terra pelos homens de terno que comandam grandes empresas não exprimem uma vingança inconsciente dos filhos contra o corpo da mulher? Essa falta de respeito e esse abuso de poder por parte do animal humano perante seu próprio habitat não atestam a posição insana na qual são colocados os homens, privando--os de suas sensações corporais? Não é seu grito enraivecido que vai furar a camada de ozônio? Não é a imensa dor não confessada dos homens por não ter tido acesso à própria sensibilidade e por ter sido podados pela falta de consciência dos pais que os torna tão destruidores e tão selvagens? Eles não se comportam como crianças ou animais que privamos de afeição a vida toda?

Ode aos novos pais

Afirma-se prontamente que o pai-mãe não pode apresentar uma solução ao nosso problema. Vê-se nesses homens que decidiram encarregar-se do mesmo modo que a mãe dos cuidados do corpo do filho, uma simples imitação do modelo materno. Acho que há aí um erro de julgamento. Se não é essa maneira de fazer que nos tirará do impasse de filhos desencarnados em que estamos, qual comportamento poderá nos ajudar nisso? Nós não somos ainda vítimas do velho preconceito "mulher-interior / homem-exterior"? Um pai que cuida corporalmente do seu filho não é um pai-mãe, ele é simplesmente um pai; ele acaba de dar uma realidade a esse substantivo que permanecia até então praticamente vazio de sentido.

"Cada genitor tem uma *dupla função:* função de referência corporal para a criança de mesmo sexo que ele, e função de lugar do desejo para a criança de sexo oposto."[*] Essa referência corporal no genitor do mesmo sexo servirá de base para o estabelecimento de identidade sexual que, por sua vez, se for bem fundada, permitirá à criança provar desejo pelo genitor de sexo oposto. A presença corporal do pai perante o filho lhe dará então a possibilidade de amar primeiramente a sua mãe e, mais tarde, de desejar a mulher ao invés de temê-la ou desprezá-la.

Eu falava anteriormente da dificuldade dessa transferência de identificação que vai, para o filho, da mãe para o pai; seguramente, essa passagem não seria tão perigosa e se faria de modo bem natural se os pais estivessem presentes diante do filho, desde o início. As verdadeiras guerras de trincheiras que se desenrolam nas famílias entre os adolescentes e suas mães são as manifestações de filhos que buscam por todos os meios livrar-se do domínio materno, arrancar seu corpo da mãe e provar que eles são homens. O pai assiste, em geral impotente, a essas batalhas épicas, sem entender que ele é o grande responsável por isso. Essa situação significa frequentemente nos filhos a repressão de toda afetividade e imitação dos piores estereótipos masculinos que nossa sociedade pode produzir (Rambo e companhia).

É evidente que um pai não cuida de um filho exatamente do mesmo modo que uma mãe. Mesmo se fosse o caso, o importante é que o filho esteja em contato com o odor do pai, que ele ouça o som mais grave de sua voz e que ele rodopie em seus braços, o pai tendo mais frequentemente que a mãe a vontade de praticar jogos físicos. Pelo que se sabe, nunca um

---

[*] OLIVIER, Christiane. *Op. cit.,* p. 206.

homem perdeu, acariciando seu filho, sua "pequena diferença", nem mesmo seu esperma gerador, nem a pilosidade do seu corpo, nem o seu sistema hormonal, marcas inalienáveis de sua masculinidade.

É absolutamente necessário que os homens comecem a acarinhar suas crianças, seus filhos em particular; eles lhes abrirão assim a porta da sensibilidade e, fazendo isso, descobrirão a deles. Isso significa que a sensualidade não será mais proibida aos homens e que as mulheres não mais serão aí confinadas; pois os homens têm também corpos, e os seres precisam ser tocados para manter seu equilíbrio e saber que existem.

Os homens têm medo de tornarem-se pais, pois não querem que seus filhos revivam os tormentos nos quais foram jogados, isto é, sejam forçados ao dever e podados de seus sentimentos. Do mesmo modo, eles mensuram bem o que lhes custará para superar suas próprias inquietações e para criar seus filhos de modo a lhes dar acesso à sensibilidade. Eles pressentem a volta do seu antigo terror, o de ser mulher, terror com o qual se confrontarão se decidirem reclamar seu lugar perante a criança. Os novos pais e os novos casais deverão travar uma grande luta para mudar suas mentalidades; trata-se de uma de nossas únicas esperanças de sobrevivência.

A estrutura ausente

O silêncio do pai, tanto verbal quanto físico, terá igualmente repercussões sobre o universo psicológico do filho. Ele influenciará notoriamente a estruturação de sua psique. Vejamos como.

Os arquétipos

Exatamente como no animal, há, em cada indivíduo, alguns comportamentos que são pré-determinados e esperam o momento propício para pôr-se em ação. Eles são comuns em toda a espécie humana e representam os programas de base de uma vida, que as experiências nascidas do contato com o meio ambiente exterior estimularão. Esses comportamentos são chamados de instintos.

Da mesma maneira que os instintos regem os nossos comportamentos, há também instâncias que regem nossa maneira de sentir e de pensar; Jung deu-lhes o nome de "arquétipos". Essas tendências do psiquismo a pré-formar seus conteúdos manifestam-se em nós sob a forma de imagens ou ideias. Por exemplo, o pensamento humano procede geralmente comparando opostos tais como o quente e o frio, o alto e o baixo; ou ainda, os humanos comportam-se em geral do mesmo modo diante do amor, da morte ou do perigo, sem que ninguém tenha tido de lhes ensinar essas maneiras de reagir.

Os arquétipos que, como todo esquema de comportamento, são impessoais e coletivos, precisam ser "personalizados", ou seja, experimentados dentro de uma relação. A relação de amor, com o desfile de fantasmas, emoções e idealizações que a acompanham indefectivelmente, é um bom exemplo disso.

O recém-nascido está então pré-condicionado a encontrar um pai e uma mãe em seu ambiente: ele traz em si esses arquétipos. Para atualizar esse potencial, ele deve encontrar alguém, ao seu redor, cujo comportamento pareça suficientemente com aquele de um pai ou com aquele de uma mãe para "iniciar o programa". O resultado desse encontro entre a estrutura de base inata e cada um dos genitores constitui o que chamamos de um complexo paterno ou um complexo materno. (Por sinal, o termo "complexo" é outra palavra introduzida por Jung na psicologia.)

Do diabo ao Super-Homem

Explorando o tema da identidade masculina em um grupo de homens, tomamos consciência de que cada um de nós estava em luta com um modelo masculino que não conseguia satisfazer. Esse modelo consistia em uma representação ideal que nos tiranizava por dentro. Tratava-se de fato de uma imagem inconsciente, à qual procurávamos responder sem nos dar conta disso.

O que suporta tal modelo inconsciente? A necessidade de um pai é fundamental para a espécie humana; é uma necessidade "arquetípica". Quando não é personalizada pela presença paterna, essa necessidade continua arcaica, nutrida pelas imagens culturais do pai que vão do diabo ao bom Deus. Quanto mais o pai for ausente, menos ele terá chances de ser humanizado pela criança, e mais a necessidade inconsciente se traduzirá em imagens primitivas.

Essas imagens exercerão uma pressão muito grande sobre o indivíduo a partir do inconsciente. Elas tomarão os ares míticos de Super-Homem, de Rambo ou do Incrível Hulk.

Do mesmo modo, quando um arquétipo não foi humanizado, ele continua dividido em um par de opostos que importuna o ego e o tiraniza com o seu poder quase divino. É a presença do pai que permite à criança reunir os opostos que condicionam a sua psique. A humanidade do pai permite ao filho conceber um mundo em que nem tudo é branco ou preto, e onde os opostos podem se amalgamar e caminhar lado a lado.

Esse modelo inconsciente está provavelmente na fonte dessa voz interior que repete constantemente a um ser masculino que ele não é um homem. Concretamente, o arquétipo não satisfeito e as representações que emanam disso condenam um homem a continuar em uma posição de "filho eterno", ou de "sub-homem", até que ele tome consciência do que lhe acontece. O filho duvida da sua virilidade. Ele continua distante e inconsistente, pois o modelo que ele teve era uma imagem desencarnada do pai e não o pai em carne e osso.

O tabu do incesto

Como Freud destacou ao estudar o complexo de Édipo no menino, a presença do pai barra o acesso à satisfação simbiótica naturalmente buscada pela criança; feito isso, ela liga inseparavelmente o desejo e a lei. O pai encarna uma primeira interdição para o filho: o tabu do incesto.

Essa intervenção é determinante no plano psicológico, pois ela estrutura o universo psicológico do filho. De fato, o pai, provocando o fim da fusão total entre a mãe e o seu filho, vem cessar a identificação entre o desejo e o objeto do desejo. Isso significa que a criança poderá tomar consciência do desejo como sendo um *fato psíquico* que possui uma existência em si, independentemente de esse desejo encontrar ou não satisfação na realidade exterior. Essa frustração cria, por assim dizer, um espaço interior: ela dá origem à interioridade do filho. A fusão entre o ego* e o inconsciente** é desfeita, e isso é de importância capital para a estruturação da psique.

Quando um homem continua identificado com a sua mãe, ele continua em fusão com o seu próprio inconsciente. Ele é os seus desejos, os seus impulsos, as suas ideias. Ele não pode senti-los como objetos interiores aos quais ele não teria necessariamente de obedecer.

Essa frustração do incesto permite também a separação entre natureza e cultura. Um homem que vive fundido a seu universo interior vive também fundido ao mundo exterior. Ele se torna a cultura e se identifica com os estereótipos vigentes. Se, para ser um homem, for preciso ter jeito de macho, ele terá jeito de macho. Se for preciso ser meigo, ele será meigo. Em outras palavras, um homem que continua principalmente identificado com a mãe não tem acesso à sua própria individualidade; ele continua sendo o brinquedo de seu inconsciente e das modas sociais.

Mais precisamente, ele será dominado interiormente por um complexo materno. Como a mãe permaneceu como um ponto de referência quase único para o filho, na psique ela tomará também muito espaço. O ego do filho corre o risco de continuar sendo um menininho por conta de um complexo materno poderoso demais.

---

* O ego é o centro do campo da consciência. É um complexo como os outros, cujo núcleo central é a experiência de um sentido de identidade consigo mesmo e de continuidade no tempo; em outros termos, é o que faz com que um indivíduo reconheça-se no espelho a cada dia e que ele possa estabelecer um elo entre a criança que era e o adulto que se tornou. Além disso, é importante saber que o ego busca manter-se, por assim dizer, à temperatura igual (homeostase) e que possui sistemas de defesa para evitar as perturbações do seu equilíbrio. Mas por vezes esses sistemas tornam-se excessivamente rígidos e sufocam o ego em vez de protegê-lo.

** "Inconsciente" é um termo técnico que significa simplesmente "tudo que está fora da consciência". É impossível absorvê-lo, visto que, em relação a ele, a consciência seria comparável a uma ilhota que flutua na superfície do mar. Ele contém tudo que já foi consciente, mas que foi esquecido, todas as experiências que foram reprimidas, porque eram desagradáveis ao ego (os complexos, no senso comum); contém, além disso, uma camada coletiva que traz os pré-condicionamentos estruturais da psique humana (os complexos coletivos, ou seja, os arquétipos). Jung o considera como essencialmente criador, visto que produz também novas ideias e intuições que nunca chegaram à consciência. Ele tem como centro o si-mesmo que seria o elemento coordenador de toda a personalidade. A meta do trabalho terapêutico é estabelecer um eixo de relação entre o ego e o si-mesmo.

Ter complexos

Os complexos constituem a estrutura do nosso organismo psíquico, nossa coluna vertebral interior; eles só são negativos quando nos levam a nos comportar de modo inadequado. Eles têm sempre como centro uma experiência afetiva suficientemente forte para constituir um núcleo, que agirá como ímã e atrairá todas as experiências que têm o mesmo tom afetivo. Evidentemente, as relações tanto com o pai como com a mãe constituem experiências primordiais para a criança, que provocam automaticamente a formação de complexos.

Um complexo é uma interiorização* da relação que nós tivemos com uma pessoa. Os complexos não nos dizem o que foram o pai e a mãe, mas sim o que foi a relação com eles. Ora, essa relação é feita de muitos elementos independentes da personalidade dos protagonistas; assim, o acidente que deixou a criança hospitalizada por várias semanas, a depressão da mãe ou a morte do pai estão também entre os eventos que participam da formação de um complexo. Tomemos o exemplo de André:

> Aos 40 anos, André sentia frequentemente um medo incontrolável de ser abandonado, e isso sem motivo aparente. Ele tinha literalmente medo de desaparecer. Sentia, também, dúvidas profundas diante de suas próprias percepções sensoriais. O problema não parecia vir do ambiente parental. Porém, quando ele tinha apenas seis meses, seus pais, forçados a fugir do país por causa da guerra, tinham-no colocado em uma casa de adoção. Ele encontrou-se na presença de dois idosos que discutiam sem parar. No momento em que ele tinha começado a construir uma identidade baseada na observação de seus pais, seu universo tinha desaparecido de um dia para o outro.
>
> Seria injusto atribuir a culpa aos pais: eles fizeram o que podiam, naquelas circunstâncias, para garantir a sobrevivência do seu filho. Não é por menos que,

---

* Emprego a palavra "interiorizar" no sentido de introjetar. Introjetar quer dizer, por exemplo, que a mãe exterior, que pode ter sido exigente ao olhar da criança, torna-se um personagem interior que continua a exigir coisas do indivíduo, mesmo ele não sendo mais criança e não estando mais junto à mãe. A mãe torna-se então um componente psíquico que nos leva a um complexo e que representa de fato uma subpersonalidade que age no próprio interior do indivíduo.

no plano psicológico, uma experiência do gênero age de maneira negativa. Esse sentimento de abandono com pouca idade de fato serviu de núcleo para a formação de complexos parentais negativos que coloriram toda a vida sentimental do meu paciente e lhe ensinaram a desconfiança absoluta diante de toda forma de ligação afetiva. Seu medo de desaparecer era uma expressão simbólica do que lhe havia acontecido.

Estritamente falando, os complexos não são tampouco cópias exatas da relação com o pai e com a mãe: mescla-se aí a influência de outras pessoas. Um complexo paterno é de fato a soma de tudo o que é experimentado como sendo da ordem do paterno, que tanto pode se tratar de um avô, como de um professor ou de um irmão mais velho. Acontece o mesmo quanto ao complexo materno.

É fundamental compreender bem a diferença entre um genitor real e um complexo parental, pois, a partir de um certo momento, não são nossos genitores objetivamente, mas nossos complexos que influenciam nossa visão da realidade. Estes nos põem em um certo "comprimento de onda": um homem que sofreu com a brutalidade do seu pai só vê o lado bruto neste último e a brutalidade exercida pelos homens no mundo. Ele só nota os aspectos negativos do seu pai e, de ano em ano, seu complexo enriquece-se de novas provas com o apoio dessa brutalidade.

Nossa vida psíquica é dirigida por essas verdadeiras subpersonalidades que são nossos complexos; trata-se de tomar suficientemente consciência disso para que o ego possa respirar no interior de sua própria casa. Aceitando a relação com seus parceiros interiores, o ego faz com que estes não o obriguem a ver e a sentir de uma maneira unilateral. Efetivamente, quando eles permanecem autônomos, os complexos apoderam-se de nós e obrigam-nos a repetir sem cessar os mesmos padrões, as mesmas dinâmicas.

Uma personalidade sadia

Um ego sadio é um ego que permanece flexível. A flexibilidade psíquica é, de fato, o atributo por excelência da saúde mental. Esse ego pode alternadamente ser forte ou vulnerável; ele pode se abrir voluntariamente para acolher o que sobe das profundezas, às vezes para se entregar, outras vezes para se opor, ou ainda para negociar uma posição intermediária. Jung insistia enfaticamente sobre esse ponto, que o trabalho de integração da energia dos complexos é um trabalho de "confrontação" com o inconsciente. Confrontação! A palavra fala alto. O termo que ele usa (*Auseinandersetzung*) contém de fato a imagem de duas pessoas que se associam frente a frente para se explicar, para esvaziar uma questão e chegar a um novo ponto de vista.

Nesse sentido, nem o modo de ver do ego, nem o do parceiro interior são justos. Trata-se então de evitar tanto um ponto de vista favorável demais ao inconsciente, que leve o indivíduo a se perder na profecia e a magia, quanto um preconceito desfavorável demais, tendo por resultado exacerbar a racionalidade a ponto de dessecar completamente a pessoa. Trata-se de estabelecer uma "relação" com nosso interior. Para mim, é aí que reside a contribuição fundamental de Jung à psicologia das profundezas; para ele, não é uma questão de tentar um impossível controle do inconsciente, mas sim de estabelecer um elo vivo com ele. Seríamos tentados aqui a falar de uma ecologia psíquica.

> *Após três anos de terapia, Bertrand, aos 55 anos, conseguiu achar uma atitude justa diante dele mesmo. Até então, ele se detestava de maneira obsessiva e virulenta, fazendo-se mil vezes as mesmas reprovações toda vez que sofria um fracasso. Todo fracasso tinha para ele o efeito de um muro de cimento que lhe caía sobre as costas. O ódio de si desestabilizava-o a um ponto que ele esquecia até os motivos que haviam provocado esse ataque repentino e autodestrutivo. "Hoje, diz ele, eu me entendo melhor; quando me odeio, falo comigo mesmo suavemente e me livro lentamente do que desabou sobre mim." O ego conseguiu achar a distância perfeita em relação ao inconsciente, desenvolveu uma destreza em face de suas ofensivas. Bertrand não se deixa mais destruir totalmente pelo desabamento do muro; ele possui agora uma relação com seu interior.*

A falta do pai é a falta da coluna vertebral

A identidade psicológica de um indivíduo baseia-se no seu sentimento de ter uma coluna vertebral e de sentir-se amparado do interior. O que a ausência do pai produz e que vem a ser, por esse mesmo fato, a essência de um complexo paterno negativo, consiste em uma falta de estrutura interna. Um indivíduo que possui um complexo paterno negativo não se sente estruturado em seu próprio interior. Suas ideias são confusas, ele sente dificuldades quando precisa se ater a um objetivo, fazer escolhas, reconhecer o que é bom para ele e identificar suas próprias necessidades. Tudo se mistura nele: o amor com a razão, os apetites sexuais com as simples necessidades de afeição. Ele prova às vezes ter dificuldade para se concentrar, encontra-se atraído por todos os tipos de detalhes periféricos e sem importância e, ainda pior, tem dificuldade para organizar suas percepções. Fundamentalmente, ele nunca se sente seguro do que quer que seja.

A marca do complexo paterno negativo é a desordem interna, que pode ir de um sentido superficial de confusão até a desorganização mental. Diante de tal realidade, o homem tentará, por compensação, suprir a falta estruturando-se a partir do exterior. Mas essa estruturação a partir do exterior tomará intensidades diferentes, podendo ele ser um "bom menino" ou um beberrão.

Por exemplo, os heróis têm sempre alguma tarefa a cumprir e oferecem-nos o espetáculo de formigas dedicadas. Elas agem de modo a nunca ter um momento de "vazio". O olhar admirado dos outros os "sustenta" e é por isso que eles obedecem aos valores coletivos. Os sedutores estruturam-se pelas suas várias experiências sexuais. Eles vivem no deleite sexual, cuja busca preenche suas horas e sua vida. Essa busca vira uma ocupação mental e física maior; é assim que ela pode virar um elemento estruturante. Outros se estruturam fazendo exercícios físicos; o *body building,* como a expressão diz, serve frequentemente para compensar, por uma construção corporal externa, uma falha interna.

Quanto mais um homem sente-se frágil interiormente, mais ele tentará criar uma carapaça exterior como uma forma de dar outra impressão, seja pelos músculos ou pela pança. Do mesmo modo, quanto mais suas afirmações forem sem nuanças, categóricas e definitivas, mais elas servirão para mascarar uma incerteza de base. Os filhos revoltados se estruturam aderindo a grupos que são fascistas em sua essência e obedecem a um pai primitivo; os eternos adolescentes, apesar de sua anarquia aparente, buscam mestres espirituais e, em comparação aos alcoólatras, não conseguem nem esconder essa desordem interna.

No meio dessa compensação exterior, os filhos carentes evitam sentir sua grande sede de amor e de compreensão, sua profunda necessidade de ser tocados, de amar e de ser amados. É difícil para eles transparecer esses sentimentos que os mergulham em uma vulnerabilidade difícil de assumir. A assinatura do pai ausente se torna a fragilidade da identidade masculina de seus filhos.

2

Os filhos carentes

O teatro da virilidade

Senhoras e senhores, sejam bem-vindos ao teatro da Virilidade. Esta noite, a trupe "Que pai ganha" interpretará a peça Os filhos carentes, *uma criação coletiva realizada a partir das improvisações dos atores.*

A peça apresenta o retrato de dez homens dos dias atuais, em crise com eles mesmos. Mas, na realidade, esses retratos são atemporais; eles representam as formas habituais que o sexo masculino adquire, há séculos. Trata-se tanto de homens evoluindo no palco do mundo, como de facetas de nós mesmos desfilando em nosso teatro interior.

Uma palavra do diretor

Durante o trabalho com este grupo, eu me deparei com situações muito cômicas ou muito preocupantes, diante das quais era possível rir ou chorar. É fato que, desde o primeiro minuto em que pus os pés neste teatro, não consegui impedir que os atores encenassem, ad nauseam, *trechos de peças que eles pareciam ter memorizado e ensaiado desde a infância. Apesar de que nós não nos entendíamos sobre a fórmula que o espetáculo devia adotar e que, de qualquer modo, esses homens pareciam ter uma ideia fixa, voltar a encenar seu passado, decidi parar de lutar contra a correnteza e então, dediquei-me a pôr ordem no que era possível tirar de suas improvisações.*

Nossos atores apresentavam então algumas particularidades que precisam, da minha parte, de uma explicação "analítica" (é preciso situar bem os fatos!). A pri-

meira dessas particularidades era a seguinte: como o nome da trupe e o título da peça indicam, todos os comediantes tiveram um pai mais ou menos ausente; é por isso que suas reações às figuras paternas eram frequentemente desproporcionais. Alguns dos atores-personagens respondiam às figuras de autoridade com ódio ou admiração, proferindo insultos ou agindo de modo servil; outros ostentavam uma fria indiferença que mascarava muito mal um interior repleto de emoções. E se um deles sofresse uma rejeição da parte de uma figura paterna, a ferida que se abria no amor-próprio era imensa.

Na verdade, parece que uma relação inadequada com o pai faz o filho ficar com verdadeiros "buracos psíquicos", cheios de fantasmas maléficos quanto ao masculino. Bem, posso lhes afirmar isso por experiência própria: nunca sofri tanto para fazer uma trupe de atores me respeitar! Alguns ficaram verdadeiramente paranoicos em relação a mim, outros me trataram como um ser dotado de poderes mágicos, e a maioria deles não confiava nem mesmo em seus colegas de trabalho do sexo masculino.

A segunda particularidade é que cada um de meus atores estava em crise com um personagem invisível que o obrigava a repetir, sem parar, o mesmo script. Tomemos Adrien como exemplo. Ele contava que, para tentar afastar a depressão que afligia sua mãe, havia começado a decorar pequenos números, com o intuito de fazê-la rir e de merecer, assim, seu amor; mas, com o tempo, os pequenos números se tornaram grandes – isso sempre acontece com os atores – e suas ações tornaram-se cada vez mais heroicas. Infelizmente, ele não encontrou ninguém para lhe dizer que podia parar com sua encenação; que, com seu valor próprio, não era necessário que ele se exibisse assim para provar aos outros que merecia atenção. Então, hoje, Adrien continua representando heróis.

Um psicanalista de amigos meus, que, como última esperança, eu tinha convidado para um ensaio, para me ajudar a entender alguns fatos, disse-me que o ator estava "possuído" por um "complexo". Ele usou a palavra "possuído" no sentido que Adrien não se dá conta de que ele se repete sem cessar – francamente, era preciso ser psicanalista para notar isso! Ele acrescentou ainda que não é Adrien que escolhe seu script de herói, pelo contrário, é como se seu script o escolhesse e o mantivesse como um prisioneiro.

Observando Adrien, acabei entendendo que um complexo é um mecanismo de relação, ou padrão, que entra automaticamente em ação quando um indivíduo se *encontra em uma situação que apresenta semelhanças com suas experiências passadas. Quando Adrien fica diante de uma situação que evoca, por pouco que seja, o que ele vivenciou com sua mãe, ele age então como fosse cego ou tivesse perdido o bom senso. Não percebendo que se trata de uma situação nova, ele se comporta como se estivesse ainda no contexto de antes. Certas vezes, ele escolhe até situações e parceiros que lhe lembram claramente de seu passado. Assim, em uma improvisação, ele decidiu trabalhar heroicamente para uma companhia que tinha uma necessidade incessante de salvar-se da falência e, como se isso não bastasse, escolheu ao mesmo tempo ir viver com uma parceira em depressão psicológica! Adrien não sabia mais se diferenciar de seu personagem.*

E o psicólogo conclui dizendo: "É bom lembrar aos espectadores que cada ator carrega, ao menos em parte, a responsabilidade pelo script *do qual é a vítima. Na realidade, os conflitos que ele teve com seus pais ocultam frequentemente a renúncia e a irresponsabilidade do indivíduo frente aos problemas inerentes a sua própria personalidade."*

"Tenha um pouco de compaixão!", repliquei-lhe. Você vê "problemas" em tudo, só se ouve essa palavra de sua boca. Eles precisam de seus papéis para existir! Quando eles não são heróis ou sedutores, bêbados ou suicidas, ficam inquietos, sentem-se sem alicerce e sem estrutura. Acredito que seu sofrimento tão profundo não reside na natureza do que eles atuam – afinal, na vida, é preciso aceitar fazer alguma atuação –, e que não decorre também dos personagens que os assombram, nem da sua dita irresponsabilidade. Não, seu sofrimento vem de uma identificação forte demais com esses papéis do passado, identificação extrema que os obriga a repetir sem parar os mesmos scripts. *"E como você explica essa identificação? contentou-se ele em me dizer. – Ficou claro, ao menos, que é, digamos, 'complexo'."*

... Mas, chega de conversa! Cedamos espaço ao teatro! Espaço à vida!

Resumo da peça

O pai inadequado, que "brilha" por sua ausência de espírito ou sua ausência física, sua tirania ou seu alcoolismo, seu derrotismo ou sua fraqueza, não pode verdadeiramente servir de gatilho natural para o programa genético e psicológico que poderíamos chamar de "como tornar-se um homem". O modelo que esse pai propôs se revelou inutilizável e, por conseguinte, ele não desempenhou seu papel de iniciador do filho. Este último, então, identificou-se muito mais com o "femini-

no" e reprimiu sua masculinidade. Ele se refugiou em uma adolescência eterna e tende a rejeitar os valores tradicionalmente masculinos, afastando-se assim de seu próprio senso de afirmação e de exploração.

Vamos agora encontrar nossos protagonistas: eles estão imersos em sua vida de adulto, incapazes de se livrar dos fantasmas que assombram sua existência.

Adrien, o herói

Adrien é da raça dos heróis. Veja como eles sãos belos, veja como são orgulhosos e fortes. Eles chegam com seu arsenal guerreiro! Alguns possuem uma BMW resplandecente, outros uma mente perspicaz e aguçada; outros ainda têm uma força física surpreendente e vivem no reino do corpo. Todos lutam sem descanso.

Seus campos de batalhas são diferentes. Uns administram jovens empresas dinâmicas, querem ter uma boa posição social e ganhar dinheiro. Outros defendem causas idealistas pelas quais estão dispostos a dar a própria vida. Alguns trabalham pela Anistia Internacional ou militam a favor da independência de Quebec. Um bom número deles, com posturas mais modestas, limita suas façanhas a ter a palavra por mais tempo que os outros em uma festa, ou ainda a beber o maior número possível de cervejas no menor tempo.

Eles se sentem frequentemente responsáveis pelo destino de seus semelhantes. Eles animam às vezes assembleias políticas, outras vezes reuniões de negócios ou festinhas entre amigos. Seu fervor rende, aliás, grandes serviços à humanidade; alguns se tornam homens reverenciados. Outros continuam eternamente cômicos, dando tapinhas nas costas (ou dando nos nervos).

Os heróis possuem força, determinação e coragem. Eles são filhos de Hera, rainha do Olimpo, da qual carregam o nome (heróis). Hera é sua mãe inspiradora. E é fato que o herói se empenha para atender aos desejos heroicos de sua mãe. É ela que o enche de ambição e lhe insufla a coragem. Lembre-se de Rose Kennedy ou a mãe de Jimmy Carter: essas mulheres apoiaram seus filhos nos piores momentos e os sacrificaram, por assim dizer, em nome da nação.

Pois a mãe do herói é em geral uma mãe exigente, que já alimentava grandes ambições em relação a seu filho quando ele era ainda muito jovem. É comum dizer que esse tipo de mulher é possuída por seu *animus*, seu lado masculino, e que ela transmitiu a seu filho o que sonhava para si mesma. As mães de heróis não são mães afetuosas ou complacentes, mas pioneiras no quesito "mão de aço". Elas têm tanto orgulho de seus descendentes que tentam fazer deles crianças divinas. Assim, o jovem herói se verá "tomado", em seu íntimo, pelo desejo de satisfazer sua mãe, atendendo às ambições dela. Se, no início, trata-se de atender às ambições de sua verdadeira mãe, logo se tratará de atender às mais altas aspirações coletivas, sejam aquelas de uma empresa, de um grupo social ou de uma universidade. Adrien-o-herói quer manter o nível elevado; assim, ele se torna frequentemente uma verdadeira fonte de inspiração para seus sucessores. Se, quando mais jovem, ele vivia sob o olhar de sua mamãe, hoje ele vive sob o olhar dos outros. Ele se alimenta disso. Para ser entendido e amado por todos, ele realiza as mais altas proezas. Procura ser admirável, e se nutre de admiração. Simbolicamente, ele quer se tornar o falo ereto e forte que impressiona e desperta a inveja dos outros homens.

Em seu âmago, o herói sofre às vezes com uma culpa terrível em relação ao pai, que ele crê ter traído ao atender à idealização da mãe. De fato, por ter suplantado o pai aos olhos da mãe, ele teme suas represálias. Se ele tiver opção, preferirá se cercar de mulheres; porém, suas relações com os homens permanecerão conturbadas e ambíguas. Em geral, ele buscará reparar seu erro, sofrendo uma derrota estrondosa que o levará a ser julgado por autoridades de tipo paterno.

O drama da pessoa pública

Adrien é um artista com uma brilhante carreira internacional. Ele teve uma infância particularmente difícil em que precisou ajudar uma mãe depressiva, mas exigente. Ele teve também de conviver com a rejeição de um pai que o considerava repugnante por causa de seu aspecto feminino. Ele me contou o sonho que teve quando lhe propuseram dirigir uma escola de arte. *Ele havia acabado de ser eleito Primeiro-ministro; e daquele momento em diante, ele deveria assumir um maior número de responsabilidades e pôr sua vida sexual de lado.* De fato, na véspera, ele fizera a reflexão consciente de que teria de interromper suas relações amorosas com sua amante, pois ela estudava na escola em questão.

Quando Adrien é exposto à opinião pública, seu problema de imagem se torna muito significativo; ele se sente obrigado a reprimir sua agressividade e sua sexualidade. Ele consegue desse modo atender aos critérios coletivos, mas perde sua individualidade. Ao elevar-se acima da massa, ele deixa de lado seu prazer de viver.

A solidão, paradoxalmente, é em geral a recompensa ambígua de uma vida de herói. Como ele tem cada vez menos tempo para a vida cotidiana, os filhos, as relações amorosas e suas necessidades, logo ele se encontra exilado. Ele se sente abandonado, mas, na realidade, é ele quem os abandona: ninguém consegue seguir seus horários de trabalho.

Vemos neste caso o triunfo do complexo materno, que conseguiu isolar completamente o indivíduo. Atendendo a ambições interiorizadas, Adrien se entrega de uma vez por todas ao amor ciumento e possessivo de uma mãe interior. Em pouco tempo, ele não poderá mais pertencer a qualquer outra pessoa. Hera protege os heróis, mas se assegura de sua fidelidade absoluta para com ela.

Por que então tantos padres, políticos e pastores são pegos em delitos sexuais com prostitutas ou jovens adolescentes? É que eles só podem viver às escondidas os aspectos instintivos de sua natureza. Talvez possamos explicar dessa forma o gesto de Claude Charron, jovem deputado e sucessor de René Lévesque, pego em flagrante delito de roubo em uma grande loja: ele tinha necessidade de *desobedecer**, de sair da estrutura parental, de romper com o complexo que o sufocava.

Adrien me dizia também que ele vivia o trabalho analítico como uma delinquência. Ele achava delinquente o fato de pensar algo por ele mesmo e para ele mesmo. Em outras palavras, a constituição de um mundo pes-

---

* Este é aliás o título que ele deu a sua autobiografia publicada após sua saída forçada do gabinete.
Ver CHARRON. Claude. *Désobéir,* Montreal: VLB, 1983.

soal e individual lhe parecia um pecado contra a natureza. Ele me contava que não podia escrever na presença de sua parceira, crendo que ela podia adivinhar todos seus pensamentos. Ele me confessava: "Não consigo me separar suficientemente dela." Mas, evidentemente, é do complexo interior inconsciente que ele não podia se separar.

O herói pertence ao coletivo, ele não nasceu realmente. O cordão umbilical não foi cortado. Todos os seus gestos são julgados por uma mãe interior que pode se tornar uma verdadeira bruxa se o herói não aprender a encontrar forças para resistir a ela. É por isso que tais personalidades se mostram muito sensíveis à crítica. A crítica negativa tem o poder de lhes fazer perder, em questão de segundos, a autoestima e de desequilibrá-los por vários dias. O medo do julgamento nefasto é o calcanhar de Aquiles dos heróis.

A obsessão pelo valor

Adrien-o-herói é um candidato, por excelência, à perda da alma, ou seja, à perda de contato com suas emoções. Entrincheirado atrás da bela imagem que ele criou de si mesmo, vigiado interior e exteriormente, ele torna-se logo prisioneiro do olhar dos outros. Apesar de suas conquistas reais, persiste nele uma dúvida quanto a sua identidade masculina que o leva a uma busca desenfreada de reconhecimento. A não ser que encontre uma figura paterna importante que confirme seu valor como homem – isso acontece de tempos em tempos –, ele passará a vida toda em busca dessa identidade. Ele a buscará no exterior, nos olhos alheios, já que, dentro de si, só há o vazio e a insegurança.

O pai ausente foi idealizado, e isso dá ao filho heroico um gosto pela *performance* que não conhece limites. Os heróis nos fazem assistir a um ritual coletivo que acaba tomando ares religiosos. Armadas de jovens *yuppies* se arrastam para o trabalho, apesar do grande cansaço; eles vão, literalmente, colocar as entranhas sobre o altar da *performance* e se matar de trabalhar. Eles querem provar do que são capazes, sem jamais se perguntar a quem isso beneficia, ou se isso beneficia a alguém. Há, nessa atitude, um excesso que acarreta uma perda de relação consigo mesmo, uma miséria e uma solidão interiores trágicas.

Na falta de abrigo apropriado, a obsessão do valor-a-qualquer-preço se concretiza; ela se transforma na obsessão de "valorizar o dinheiro", de ter um apartamento, uma casa, um ou dois carros. Mas, em tais condições, todos esses bens não são sequer desfrutados em seu interior; eles só significam obediência à moda, valores de troca, poeira nos olhos. O grito que se ergue do fundo do ser é: "Eu quero ser reconhecido, quero que meu valor seja confirmado por um pai." Aliás, para o "animal social", receber a confirmação de autoridades morais exteriores continua sendo um fator essencial. Eis porque a Igreja católica fez da confirmação um sacramento.

O comportamento frenético do herói em busca de valor assemelha-se ao comportamento adolescente. Em casos extremos, somente a mutilação trazida por um evento catastrófico (*burnout,* acidente de automóvel, falência comercial, divórcio, úlcera ou câncer) poderá fazê-lo parar de agir. Em todas as mitologias, os deuses punem severamente o excesso dos heróis que creem que podem tudo ou que, insulto supremo, ousam se declarar imortais.

Nem tudo que reluz é ouro

Em *O fogo interior,* de Carlos Castaneda[*], o personagem Silvio Manuel se mantém sempre na obscuridade, nunca se mostra à luz do dia. Além disso, como se trata de um instrutor da arte antiga dos feiticeiros Yaki, ele só fala ao cair da noite, no seio da escuridão mais profunda, nunca vendo seus interlocutores e nunca sendo visto por eles. Que imagem fascinante! E como ela se mostra distante de nossa concepção de mundo. É uma imagem tranquilizante, que adquire outra dimensão quando a relacionamos com as expressões que usamos com frequência em nossa fala; expressões do tipo "conquistar um lugar ao sol", "vir à luz", "estar sob os holofotes".

Nós vivemos em uma mitologia exclusivamente solar, na qual não há lugar para o frescor da noite. Ir se bronzear no sul durante o inverno – com o risco de ter um câncer de pele – virou um *must* para qualquer pessoa que "tenha", justamente, seu lugar ao sol. Tanto faz se queimar no trabalho ou

---

[*] CASTANEDA, Carlos. *The fire from within.* Nova York: Simon and Schuster, 1984. (Edição brasileira: *O fogo interior.* Rio de Janeiro: Nova Era, 2008.)

nas praias, gostamos dos raios do sol, queremos ser o sol. Desejamos reluzir sob o olhar dos outros. Queremos nos tornar vedetes, estrelas, e brilhar com todo o nosso esplendor. Viver na penumbra ou na obscuridade tornou-se para nós um sinal de doença mental; a tal ponto que os consultórios dos psicoterapeutas estão cheios de pessoas que sofrem de males decorrentes do fato que elas se sentem incapazes de se exibir como os outros.

Porém, todo mundo conhece a lenda de Ícaro que, fascinado pelo sol, tenta aproximar-se do astro maravilhoso. Suas asas, coladas com cera, derretem à medida que ele voa mais alto, até o momento em que ele cai no mar. Quando nos tornamos muito "solares", é este o destino que nos é reservado: o *burnout*, a queimadura. Não realizamos então uma concretização do símbolo? Não perdemos nossa luz interior em nome de uma luz e de um reconhecimento totalmente exteriores?

Para evitar o destino de Ícaro, talvez fosse bom seguir o conselho que ele recebeu justamente de seu pai: "Voe a uma altura moderada!" Sim; o herói voa alto demais, e, para ele, um sacrifício é imposto. Trata-se do sacrifício de seus ideais de perfeição absoluta, da "glória a qualquer preço". Ao falar do filho heroico, Jung declara: "O sacrifício que marca a separação da mãe também marca a renúncia do indivíduo a sua própria grandeza."[*]

Nossos medos e nossas sombras podem virar pontes para as outras pessoas, visto que, nos domínios em que nos destacamos, não precisamos de ninguém. É por causa de nossas feridas e nossos defeitos que nos comunicamos com os outros. Quando procuramos um ombro amigo, um carinho, senão em um momento de angústia e inquietação? Quem gosta de ficar sozinho diante do medo? A tarefa dos heróis será também aceitar ver suas necessidades reais.

O complexo do impostor

Adrien sofria de um estranho medo. No auge de sua carreira e em plena posse de suas aptidões, ele tinha a impressão de ser um impostor. Ele te-

---

[*] JUNG, Carl Gustav. *Symbols of transformation: an analysis of the prelude to a case of schyzophrenia*. Collected Works, vol. 5, Bollingen Series XX. Princeton: Princeton University Press, 2ª edição, 1967. (Tradução do autor.) (Edição brasileira: *Símbolos da transformação*. Rio de Janeiro: Vozes, 2011.)

mia que, do dia para a noite, descobrissem que ele não passava de uma fraude. Surpreendente, não? Com mais de vinte anos de experiência na área da música, ele tinha medo de que de repente o desmascarassem e revelassem ao público que ele não tinha talento nem conhecimentos musicais.

É fato que as carreiras exemplares exigem uma enorme abnegação por parte dos indivíduos que as seguem. Geralmente sacrificada, sua vida pessoal volta então à tona sob a forma de estranhos comportamentos e ideias absurdas que não conseguem controlar. O medo de ser desmascarado é um deles. Esse medo simboliza o poder da identificação do indivíduo com sua máscara social, com sua *persona*.* Por ser obrigado a agradar e a sorrir, sentimentos negativos e agressivos em relação aos outros o invadem, sentimentos que ele não ousa e, em geral, não pode revelar. Portanto, ele simplesmente se priva de toda sua vida interior.

Porém, os sentimentos são nossas raízes na vida. Eles constituem nossa capacidade de avaliar se o que acontece conosco é agradável ou desagradável, desejável ou não. Adrien acredita que é um impostor, pois perdeu sua verdade pessoal. E é o contato com seus sentimentos que pode lhe trazer de volta uma congruência. Adrien não é um impostor em sua profissão, mas sim no que diz respeito ao desenvolvimento de sua personalidade global. Contudo, eis o que ocorre: o grande temor dos monstros da *performance* é que se perceba o vazio por trás das cortinas do público. Eles se lançam então no perfeccionismo para esconder, da melhor maneira possível, sua fraqueza humana.

Em uma última análise, os sentimentos negativos, essas notas que destoam do concerto social, têm o papel de trazer-nos de volta à nossa realidade única e subjetiva. O retorno ao mundo do sentimento interior permite a um ser avaliar-se por si só e, por conseguinte, buscar menos essa avaliação no olhar dos outros. Sacrificar sua perfeição admitindo sua humanidade "humana demais" permite a um indivíduo desfrutar de seus ta-

---

* A *persona* é a máscara social que usamos; ela tem a função de nos pôr em contato com o mundo exterior. Ela representa um compromisso entre o que somos realmente e as expectativas do meio em que evoluímos. Mas se o professor identificar-se com seu saber, e o policial com seu poder, e não puderem tirar sua máscara nem em seus momentos privados, é toda sua personalidade que sofrerá com isso. A *anima*, que tem o papel de compensar a *persona*, ficará assim totalmente reprimida e o indivíduo perderá sua interioridade.

lentos e fazer os outros também desfrutarem deles, sem acreditar por isso que toda sua personalidade possui esse caráter excepcional e prolífico. A raiva ou a tristeza que se esconde por trás de um sorriso subitamente valoriza alguém que, de outra forma, desprezaríamos dizendo que não passa de fachada. É a sombra que dá profundidade ao quadro; aquilo que é somente claro é suspeito e, com o tempo, torna-se desinteressante.

A biga do herói

Em seu aspecto mais popular, o herói não é apenas um idealista – longe disso, ele gosta do brilho e do "cromado" e não pode se privar de certos atributos. Lembremo-nos dos romanos da Antiguidade e sua predileção pelas bigas, carros puxados por cavalos que eles, aliás, imortalizaram. Os desfiles de possantes reluzentes são, de certo modo, as paradas modernas dos heróis. Tudo é feito para ter a aparência, o *look*! O *look* nesse caso é, naturalmente, o dos outros, pois se trata sobretudo de ser visto. Aqueles que duvidam que os heróis vivem essencialmente do olhar da comunidade podem constatar isso com uma simples observação.

Até as garotas que os heróis namoram devem participar da composição dessa aparência. Elas se tornam objetos sexuais para aqueles que admiram o herói. Elas servem de isca para estimular o desejo dos *voyeurs* impotentes, para os quais o herói se dedica a demonstrar sua superioridade. É preciso acrescentar que se o herói usa sua mulher como objeto sexual, ela mesma o usa como objeto de êxito. Algumas mulheres gostam de homens bem-sucedidos; assim os heróis da cultura, ou da rua principal, nunca ficam sem companhia. Eles estimulam nelas o prazer, muito arcaico, de serem sequestradas para um lugar secreto onde o amor poderá se consumar. Infelizmente, com frequência será apenas uma ilusão. O convívio individual provoca em geral a morte do herói, pois implica a queda das máscaras sociais e o convida a tornar-se uma pessoa comum.

Vincent, o bom menino

Vincent é uma criatura que nunca se permite dizer uma palavra mais alta que os outros e se obriga sempre a ser bom e compreensivo. Até quando abusam dele, ele prefere ser visto como tolo em vez de injusto. Seu principal dever é nunca ter um comportamento ou uma atitude que faria sua mãe chorar. Fazer sua mãe chorar, para Vincent, é um pecado capital. Sua maior crença se resume no seguinte: "Tudo me será dado desde que eu continue a ser gentil, educado, cortês, e não agressivo." É por isso que seu segundo dever é fazer o máximo possível para andar nos trilhos. Sua boa reputação e a imagem que os outros fazem dele têm uma importância capital. Se Vincent passear na rua com uma garota que sua mãe "não aprovaria", ele sente vergonha e deseja, lá no fundo, não cruzar com nenhuma pessoa conhecida. Se precisar, no dia seguinte, enfrentar alguém, temendo principalmente ter de elevar o tom da voz, ele não dormirá à noite e remoerá em sua mente as mil e uma maneiras de tratar o problema. Ele criará frases e as decorará.

Na noite seguinte, se tiver tido coragem de enfrentar o outro, continuará sem dormir. Ele se sentirá então culpado por ter "falado alto", temendo ter ferido a outra pessoa a ponto de perder sua estima. "Meu Deus! E se ele ou ela parar de falar comigo, e se ele ou ela contar a essa ou àquela pessoa!" Vincent ficará se revirando em sua cama, assombrado pelos mais terríveis fantasmas de rejeição; ele tentará encontrar as mais variadas formas para reparar a situação logo nas primeiras horas do dia seguinte, e até antes, se isso for possível. É com o ar seguro, mas com o coração batendo forte, que ele direcionará a seu adversário da véspera seu mais belo sorriso, um sorriso que dirá: "Eu não quis lhe fazer mal; perdoa-me, perdoa-me, eu lhe suplico. Mamãe não precisa saber disso!"

Se por infelicidade sua súplica silenciosa for recusada, Vincent jogará então a culpa sobre o outro e se confinará na raiva. Esta última lhe permitirá ficar à beira do precipício e não cair no abismo do abandono que o ameaça. A menos que, culpado perante Deus e as mulheres, ele se castigue afundando-se em uma depressão que lhe tirará por um tempo o prazer de viver.

O bom menino vive incansavelmente sob o olhar de pais que não existem mais; é com o olhar da infância que ele vê e interpreta as situações novas às quais é confrontado. Pois foi na infância que ele adotou como estratégia reprimir qualquer desejo de revolta ou agressividade que o teriam privado dolorosamente do afeto do genitor acessível. Para não ser punido, para não ser abandonado, para que não prefiram em seu lugar um irmão ou uma irmã. Quanto mais lhe baterem, maltratarem, aterrorizarem, mais ele se refugiará na passividade, tornando-se o que chamam de "passivo-agressivo"; termo que designa alguém passivo e dócil superficialmente, mas agressivo e enraivecido por dentro.

Vincent, o menino mau

Felizmente, o bom menino tem um traço que o salva: ele quase sempre tem um "vício" oculto. Pode ser jogo, velocidade ao volante, álcool, pornografia, avareza, uma preguiça sem limites ou ainda a gulodice. Há em geral alguma coisa nele que não se encaixa, uma coisinha qualquer da qual ele se defende, vigorosamente aliás. Cedo ou tarde, esse pequeno pecado o arrastará para uma aventura que vai expor esse seu lado, e ele finalmente terá a oportunidade de superar sua submissão para, enfim, assumir aquilo que é. Ah, sim! Mesmo que isso faça mamãe chorar.

Na realidade, para Vincent a única saída diante de tal situação é fazer aquilo que ele teme: passar à ação e suportar a culpa que acompanhará necessariamente qualquer gesto de afirmação. É preciso que ele aceite que o sofrimento pode vir dele. Esse bom menino é particularmente alérgico aos choros das mulheres e prefere muitas vezes sofrer a fazer outra pessoa sofrer – trata-se de seu lado masoquista. Ainda assim, em seus sonhos e em sua imaginação, Vincent se vê como um verdadeiro Super-Homem de cinema, capaz de consertar tudo por meio de uma resposta severa e implacável.

Vincent, o menino muito mau

A série televisiva *O incrível Hulk* representava perfeitamente a psicologia do bom menino. Em seu estado normal, Hulk é um homem bom que trabalha de todo o coração pelo bem de sua comunidade. Ele é um modelo de gentileza e de pacifismo. Mas se, por infelicidade, ele vê as coisas ficarem desfavoráveis para si, transforma-se em um incrível monstro feio e aterrorizador que põe um bar de cabeça para baixo em questão de minutos, e que acaba sempre, claro, derrotando todos os vilões.

Isso nos leva a falar da raiva surda que mora em nosso bom Vincent. Ela se exprime geralmente por observações desagradáveis e por um certo cinismo que muitas vezes se volta contra ele. Porém, em seu interior, tudo é bem diferente. Se por azar ele encontrar no outro uma falta de empatia e de compreensão muito expressiva, o vulcão explode, a lava derrama. Ele torna-se vingativo, desdenhoso, rancoroso, e se vê repentinamente habitado por uma multidão de cenas, uma mais sangrenta que a outra. Chantagem, manipulação, todos os meios serão então justificados para chegar a seus fins. Então é assim? É assim que lhe pagam por sua gentileza, que agradecem por todos os seus esforços?

Sem dúvida, em um segundo momento ele procurará controlar esses pensamentos ruins que se apoderaram dele e, caso se sinta abandonado por todos, se abrigará sob um grande manto de sensibilidade mística, como se fosse candidatar-se ao martírio.

Sua relação com o pai é praticamente inexistente. Ele respondeu à indiferença com a indiferença. O bom menino, pelo que parece, perdoou seu pai e se resignou a viver no mundo da mãe; onde ele se encontra, aliás, muito bem. Mas sempre se deve desconfiar das águas muito serenas. Bom São Vincent, rogai por nós!

Éric, o eterno adolescente

Entramos agora em um universo de contornos vagos, um mundo vegetativo e débil. Encontramos Éric em sua sala, olhando para fora, com um ar divertido, malicioso, debochado. Éric zomba facilmente de tudo, dele mesmo em primeiro lugar, mas sobretudo desses *yuppies* perfeccionistas dos quais ele tem um verdadeiro horror. Ele fala descontraidamente do último filme que viu, bebendo um café ou uma cerveja ou ainda enrolando um baseado. É meio-dia. Ele acaba de se levantar. Está com os cabelos bagunçados, uma barba de três dias e observa de sua janela, esboçando um sorriso condescendente, esses "atletas" que se esforçam tanto para manter a forma.

Para Éric, a sociedade é um lugar muito cinzento onde todo mundo é enlatado e uniformizado. Essa sociedade, por ser "convencional" demais, não apresenta nenhum atrativo para ele. Por escolha, ele não tem trabalho fixo, temendo ter suas asas cortadas e perder sua preciosa liberdade. É a mesma coisa quanto a suas relações. Todas as garotas com quem sai são gentis, *mas...* Há sempre um mas. "Mas ela não se interessa por arte!" "Mas ela tem um filho!" "Mas seus seios são pequenos demais!" Nada é suficientemente perfeito para fazê-lo se comprometer de verdade. Viver com uma mulher e ter filhos com ela representa para ele um enraizamento que não quer para si.

De fato, o eterno adolescente não se dá conta de que, apesar de tudo, faz parte dessa sociedade; ele está até mesmo se tornando um modelo cultural muito comum. Seu ar descolado, simpático e não muito seguro tornou-se um estereótipo masculino muito disseminado. Há muito tempo que as companhias de publicidade visam o mercado fecundo que representa essa massa de solteiros que procuram prolongar indefinidamente uma adolescência da qual eles têm medo de sair.

Com 35 anos, Éric tem ainda a ilusão de que pode ser tudo. Ele continua secretamente convencido de sua genialidade e superioridade, e alimenta a fantasia de se revelar ao mundo de um modo estrondoso. Ele vive em um pântano de sonhos e de fantasmas dos quais não consegue se livrar, e onde, no fim das contas, chafurda com muito prazer. Ao contrário do herói, ele não combate essa fusão com o inconsciente, mas se deleita com ela.

Por mais pantanosa que seja sua imaginação, ele permanece fascinado pelas alturas, sejam as da inspiração, da droga e da espiritualidade, ou as do alpinismo e da aviação. Você o encontrará curvado diante de um grande mestre, ou um guru, vivendo em um fascínio que gostaria que fosse perpétuo: está em busca de grandes imagens, de grandes viagens, e espera nunca descer, nunca estar *down*. Para isso, ele deve se estimular sem cessar. Vagueia assim de mulher em mulher, de interesse em interesse, de cipó em cipó, como Tarzan. Quando o fascínio acaba, quando o lado real volta à tona, o adolescente eterno se esquiva.

Éric vive em um mundo "à parte", completamente marginal. Se você decidir ir para a cama às 2 horas da manhã, em uma noite no meio da semana, porque já bebeu o bastante e trabalha cedo no dia seguinte, ele o desprezará. Aos olhos dele, você se tornará automaticamente banal, desinteressante. Enquanto Adrien-o-herói vive em um mundo de *performance* e de lugar ao sol, o adolescente eterno vive no mito do que é *cool*.

Existe também um tipo de eterno adolescente sonolento que nunca sai das brumas, por assim dizer. Ele perde sua vida em sonhos desmedidos que permanecerão irrealizados. Quer escrever um grande romance, mas não consegue nem se sentar para redigir a primeira página. Desperdiça todo seu entusiasmo e sua energia em sonhos de sucesso, enquanto tem uma dificuldade louca de disciplinar-se. Às vezes, ele fica profundamente convencido de que fará o papel de salvador da humanidade: acredita que é a criança divina que será poupada dos eventos corriqueiros da vida. Gostaria que o amassem incondicionalmente pelo potencial que tem e não admite que o avaliem a partir de seus atos. Gostaria que julgassem a árvore não por seus frutos, mas sim por suas sementes e as promessas que contêm.

Ao rejeitar um mundo de amor condicional, Éric reprime seu desejo de penetrar no mundo e nele deixar sua marca. Fazendo isso, ele se castra e perde seu verdadeiro potencial criador; por viver em um mundo fantasioso, ele se torna fantasmagórico. A saída para a questão pode ser trágica: as drogas e o álcool, que eram os suportes de sua criatividade, podem virar companheiros de sua solidão, que o levarão à miséria e não embelezarão nada além das banalidades nas quais ele tenta desesperadamente acreditar. É então que esse adolescente tão promissor, esse mágico das imagens e das palavras, terá realmente as asas cortadas. Do dia para a noite, ele se transformará em um velho cínico e desesperado acreditando reprimir o mundo com sua visão pessimista.

Sua tentativa de escapar do mundo materno é realizada "para o alto", recusando a encarnação ou o comprometimento em uma só vida. Evidentemente, essa atitude produz o efeito contrário: Éric nunca pertencerá a outra mulher que não seja sua mãe e nunca ficará realmente enraizado na existência. Ele continuará a negar a realidade do tempo e dos limites, assim como rejeitará a realidade de suas imperfeições. Terá como hino a canção de Jacques Brel, que diz: "Morrer, isso não é nada. Morrer, olha que grande coisa. Mas envelhecer!"

A juventude eterna

Marie-Louise Von Franz, talentosa colaboradora de Jung, consagrou um livro todo ao problema do eterno adolescente, intitulado *Puer Aeternus.* * *Puer Aeternus,* expressão latina que significa "juventude eterna", é o nome de um deus muito antigo que possuía a capacidade de renascer infinitamente. Nessa obra, ela faz um estudo d'*O pequeno príncipe,* de Antoine de Saint-Exupéry.

Ela nos leva a refletir sobre o mundo imaginário de onde vem o Pequeno Príncipe: um universo solitário cuja vegetação praticamente desapareceu, um planeta desértico e devorado por uma árvore gigante. Von Franz acredita que o autor traduz desse modo sua própria solidão interior e sua sede por sentimentos. Como o *puer* foge da vida concreta e consegue viver plenamente em sua mente, seu mundo seca. O Pequeno Príncipe tem sede de encarnação, ele quer ser iniciado nas flores, nos animais e, acima de tudo, na amizade.

Von Franz demonstra também a que ponto Saint-Exupéry era prisioneiro de um complexo materno, representado pelo baobá gigante que devora o planeta do Pequeno Príncipe, e como, ao longo de sua existência, ele não pôde se ajustar à vida na Terra. Ele nunca conseguia passar mais de uma ou duas semanas em casa com sua mulher, com pressa de partir de novo para os ares com seu avião.

Quando o declararam velho demais para ser piloto, ele usou truques e estratagemas para obter outro posto que lhe permitisse continuar voando. E foi aliás essa última função que, em 1944, custou-lhe a vida.

No início do conto, Saint-Exupéry nos apresenta algo como uma autobiografia. Ele fala na primeira pessoa sobre seus desenhos de criança: estes últimos não foram entendidos pelos adultos da época e também não o são pelos de hoje em dia. Ele afirma que nunca conseguiu se identificar com o mundo das pessoas grandes, que só se interessam por jogos de car-

---

* Von Franz, Marie-Louise. *Puer aeternus: the problem of the puer aeternus.* Zurique e Nova York: Spring Publications, 1970, 287 p. (A primeira parte deste livro é dedicada ao estudo d'*O pequeno príncipe* de Saint-Exupéry. As informações que uso nos parágrafos acima foram retiradas das páginas 1 a 20.) (Edição brasileira: *Puer aeternus: A luta do adulto contra o paraíso da infância.* São Paulo: Paulus Editora, 2005.)

tas, golfe e política. Ele diz que viveu sozinho a vida toda, visto que nunca tinha encontrado um adulto que compreendesse seus esboços; todo mundo acha que se trata de um chapéu seu desenho misterioso de uma jiboia que engoliu um elefante.

Von Franz vê nesse desenho um sinal evidente que indica que o eu-heroico do autor, simbolizado pelo elefante (animal que veneramos por sua força e sua sabedoria), foi engolido pela mãe; o autor representa esta última sob os traços da jiboia que asfixia sua presa. De fato, Saint-Exupéry teve uma mãe muito forte e enérgica; segundo testemunhos, era difícil resistir à força de atração dessa mulher que, além do mais, apresentava um comportamento bizarro: quando seu filho partia em missão, ela se cobria com um véu preto (gesto que simboliza o luto), pois sempre esperava a morte dele! Von Franz diz que alguns filhos são dessa forma levados a comportamentos autodestrutivos por causa de seu complexo materno, e que algumas mães desejam inconscientemente a morte de seus filhos para poder possuí-los eternamente na morte.

Como viver sua criatividade na idade adulta?

Não restam dúvidas que Saint-Exupéry teve a força criativa de realizar uma obra e que é considerado como um herói da guerra e da aviação. O problema não está aí; o adolescente eterno não apresenta falta de valores ou de entusiasmo, porém ele não consegue integrar sua criatividade em sua vida adulta. Esses dois mundos, para ele, permanecem dolorosamente incompatíveis. A figura do Pequeno Príncipe representa a sensibilidade artística de Saint-Exupéry, que ele conseguiu preservar, mas que havia ficado refugiada no sentimentalismo. Esse sentimentalismo representava, porém, seu contato real com sua individualidade profunda, e sua perda teria correspondido nada mais nada menos que a um suicídio. De fato, sua obra e sua vida trazem esta questão: como tornar-se adulto preservando a vitalidade e o olhar da criança?

O *puer* representa o potencial criativo em cada um de nós. É essa parte de nós mesmos que não pode aceitar que as coisas fiquem como são. O *puer* nos provoca, lembra nossas ambições passadas, nos faz sonhar. E precisamos tanto sonhar! Pois nossos sonhos orientam toda a transformação de nossa realidade. Mas quando o ego não se dedica a realizar esses sonhos e a integrá-los na realidade do dia a dia, ele se torna prisioneiro de uma adolescência eterna.

O trabalho, o casamento, a fidelidade, a disciplina seriam então remédios amargos, mas necessários, aos quais o adolescente eterno deveria recorrer? Vários analistas, dentre eles Jung, acreditam nisso, mas James Hillman, analista que defende abertamente a psicologia do *puer* em seu aspecto criador, pensa que se trata de um modo moral demais de abordar a questão, porque dessa forma o indivíduo corre o risco de perder a qualidade criativa que o ajuda a viver.

Mas voltemos a nosso Éric-o-eterno-adolescente, que atingiu agora os 40 anos. Embora suas chances de realizar um velho sonho sejam menores, ele continua obcecado pela ideia de tornar-se um músico venerado. Ao longo de uma sessão, ele me confiou, com convicção, que não lhe importava o que eu, como analista, pensava disso: esse desejo o tinha sustentado por dez anos e lhe era impossível deixá-lo de lado. O dia em que ousei exprimir dúvidas mais significativas quanto à sua possibilidade de realizar esse sonho de celebridade, ele interrompeu bruscamente sua terapia, batendo uma atrás da outra as três portas que levam até meu gabinete.

Outro cliente da mesma idade, que vivia ainda na casa dos pais, veio me consultar porque um psicólogo tinha lhe anunciado brutalmente, depois de submetê-lo a uma bateria de testes, que ele não se tornaria nunca engenheiro, sem a menor dúvida, por falta de aptidão! No entanto, esse homem tinha simplesmente necessidade de ser ouvido. Ao fim de uma hora de conversa, ele disparou para mim: "No fundo, eu não sei se terei coragem de fazer todos esses estudos, mas essa ideia vai me ajudar a sair da minha casa e a retomar as rédeas da minha vida."

Nossos sonhos e nossas fantasias são carregados de energia; proibir o acesso a eles consiste em se privar de vitalidade. Hillman acredita que é preciso encorajar o *puer* a realizar todas suas fantasias e a fazer tudo que for possível para conseguir isso. Se ele quiser seduzir cem mulheres, que o faça! Se quiser ser venerado pelo mundo inteiro, que tente essa aventura! O essencial continua sendo encorajar a encarnação; e essa estratégia tem a vantagem de não mutilar o indivíduo.

Valentin, o sedutor

Se você for assim, ligue pra mim!
Se você for de outro jeito, ligue pra ele!
Eu amo as garotas.
– JACQUES DUTRONC

Tímido ou caçador com um grande sorriso, Valentin possui um charme que deixa pouca gente indiferente. É o colega natural de Éric-o-eterno--adolescente e possui geralmente os traços dominantes. A psicologia popular o encaixa em julgamentos estereotipados, como o de que ele busca sua mãe em cada mulher.

Essa ligação ao mundo materno parece, contudo, ter uma natureza mais complexa. É fato que Valentin foge com frequência, como da peste, de toda mulher que se assemelhe de perto ou de longe com a sua mãe de verdade. Em geral, o Don Juan prefere as mulheres fatais. Se ele teve uma mãe rígida, procurará um ser dócil e compreensivo; se ele teve uma mãe afetuosa, buscará uma mulher durona. Aquela que atrai todos seus desejos é a mãe ideal que ele não teve. Onde está a mulher que saberá satisfazer todas suas vontades e que ele poderá elevar ao nível de deusa, aquela que saberá ser ao mesmo tempo mãe, esposa e amante?

No entanto, Valentin se relaciona em geral com mulheres que se parecem com sua mãe. Ele se torna então prisioneiro da repetição e busca nessas mulheres, que lhe lembram sua mãe, o que não recebeu dela, como para curar uma incomensurável ferida de amor. Assim, se ele precisar de carinho, não buscará uma parceira doce, mas sim uma mulher fria e distante, que ele tentará conquistar para que ela lhe dê enfim sua ternura.

O gosto de Valentin pelos triângulos amorosos trai também sua ligação com a mãe. Ele se vê atraído por mulheres já comprometidas, pois aquelas que estão livres o assustam. É preciso dizer também que a competição estimula seu apetite. Sua queda pelos triângulos tem origem no drama edipiano: o Don Juan procura suplantar o pai, infringir sua lei e lhe tomar a mulher. Mas ele permanece assombrado por esse pai. Assim, no fim da peça de Molière, Don Juan, após ter seduzido mais de duas mil mulheres, deve comparecer diante do pai de uma dessas mulheres que ele conquistou e abandonou, a fim de responder por seus atos.

Exatamente como Don Juan, Valentin é capaz de demonstrar frieza e crueldade e de fazer manipulações maquiavélicas para alcançar seus fins. Trata-se então da sombra fria e da face escondida desse pseudo-sentimental. Por vezes ele se vê desesperado por viver em um mundo sem amor: seu coração se fechou. Ou então ele se afunda no cinismo, sobretudo quando ele se desinteressa por seu próprio jogo, e vê as mulheres caírem uma a uma. Ele despreza então suas vítimas por sua ingenuidade.[*]

O encanto do primeiro momento

Valentin não obedece às motivações heroicas, mas às motivações eróticas. Ele passa de mulher em mulher, abandonando-as uma após a outra quando o fascínio do primeiro momento se quebra. Dizem que ele é apaixonado pelo amor. Mas qual então a razão desse fascínio pelos primeiros instantes? Ele remonta talvez aos primeiros vislumbres de sua vida. O sedutor tenta recriar esse primeiro momento de encanto em que iluminou a vida de uma mulher, essa época em que ele foi divino para sua mãe e em que sua mãe o foi para ele.

Como se encontra nitidamente diante de uma missão impossível, ele tentará, colecionando pedaços cá e lá, reconstituir essa vida fetal paradisíaca. Ele procura, por assim dizer, reconstituir o que eu chamaria de um "útero místico"; "místico", porque só existe no espírito e porque a busca de Don Juan é, no fundo, religiosa; e "útero", porque o sexo da mulher virou o objeto de desejo por excelência, simbolizando sua necessidade de voltar às origens.

Seu templo será feito de diferentes texturas de pele e de múltiplas atitudes de suas numerosas mulheres. Ele ama essa por seus belos seios, aquela outra por suas nádegas redondas e seu sexo estreito, uma terceira por

---

[*] Utilizo essa concepção de cinismo de Ginette Paris, abordada em uma conferência sobre Dionísio.
Paris, Ginette. "Le Masque de Dionysos", conferência realizada no Centro de Estudos C. G. Jung de Montreal, 13 de maio de 1988. (Notas pessoais.)

seu intelectualismo, uma quarta porque ela é uma parceira ideal para o cinema e o teatro. Ama Ginette por seu conservadorismo e Andréa pelo timbre sensual de sua voz.

Como ele não pode achar uma deusa encarnada, Valentin reproduz uma, juntando fragmentos de mulheres. Ele procura um ser que se moldaria a seu desejo e ao qual ele poderia se fundir. No filme *O Casanova*, de Fellini, vemos o sedutor envelhecido que dança com uma boneca mecânica em uma grande sala de baile enquanto sua mãe acena para ele do alto de uma grande escada. Ele enfim achou aquela que ele procurava, a criatura que atende inteiramente a suas aspirações: uma boneca articulada. A mulher é um objeto para ele, e ainda assim esse objeto é apenas parcial. Cada uma de suas amantes representa um instante de um momento global, esse momento mágico que ele busca ardentemente e pelo qual sente uma nostalgia existencial.

O conquistador conquistado

Por que então as mulheres se mostram tão sensíveis ao charme desse conquistador? Porque elas amam o sedutor pelo ardor de sua busca, por seu entusiasmo e suas belas palavras, pois elas saboreiam com prazer a atenção especial que ele lhes dá. Além disso, ele reconhece frequentemente o que cada mulher tem de único, esse pequeno detalhe que os outros homens parecem ignorar. Por exemplo, ele descobre nela um humor oculto, o gosto pelos jogos eróticos, ele faz com que ela se sinta bonita, ele a revela e a reconhece em sua individualidade e sua feminilidade. O sedutor consegue fazer isso por estar precisamente em busca dessa qualidade única e preciosa. Mas quando conquistada, quando sua parceira acredita-se aceita em todo seu ser, ele já deseja fugir com a lembrança do que lhe agradou nela, sem ter de se comprometer em uma relação séria. É assim que ele dilacera, muitas vezes a contragosto, tanto casais como corações.

Nossos valores morais e tradicionais condenam Valentin; porém, ele nos fascina, e nós o invejamos. Um grande número de homens e de mulheres hoje em dia adotaram seu modo de vida. As relações amorosas que vivem são breves e intensas. Sem dúvida há aí uma negação da realidade do outro, um medo de comprometer-se à fidelidade de uma única relação; mas por que o casamento para a vida toda deveria ser o único modelo válido? Posto à parte o bem-estar dos filhos, que deve ser assegurado, por que seres que não se amam mais deveriam continuar juntos?

No plano coletivo, a entrada em cena de Valentin, separando casais ou lhes fazendo perceber que têm ainda uma ligação que acreditavam morta, provoca a quebra do *status quo*. Sem saber, ele inicia muitas pessoas em sua unicidade profunda ao lhes trazer seu primeiro sofrimento ou sua primeira grande alegria. Agente de Eros, o deus alado sempre em movimento, ele obriga indivíduos a enfrentar as questões vitais que são o amor, a paixão, a sexualidade e o ciúme. Ademais, o que seria a vida sem essa presença do charme, sem esse culto à beleza? Fundamentalmente, trata-se de uma busca pelo Absoluto, pelo Único em cada ser.

Os sedutores são em geral pessoas muito sensíveis que se recusam a assumir sua sensibilidade. Sua carapaça de caçador os ajuda a viver, até que o cinismo ou o vazio de sua existência venham bater à porta. A fragmentação dos amores de Valentin em objetos parciais testemunha a própria fragmentação de seu ser. É sua própria unicidade que ele busca nessa bagunça de aventuras e situações complexas. Sua busca por beleza é em si um passo na direção do Outro; sua sensualidade estimulante pode ampliar seu objetivo e colocá-lo em comunicação profunda com o universo, as árvores, a natureza. E se essa consciência, aos poucos, aparece, ele talvez não tenha de acabar sua vida no braço de uma boneca mecânica, sob o olhar encantado de sua mãe.

Gaëtan, o homossexual

A antropologia nos ensina que não existe sociedade humana em que não haja homossexualidade. Esse fato parece provar uma predisposição genética à atração que um ser humano pode sentir por um ser do mesmo sexo. Por outro lado, é necessário constatar que os homossexuais que conheceram um pai aceitável são raros, o que nos leva a pensar que os fatores sociopsicológicos têm também um papel primordial na gênese desse fenômeno.

Estar bem consigo mesmo

Mas o debate entre cultura e natureza não tem fim. Na verdade, o problema não reside aí; ele se encontra nos julgamentos de valor que fazemos em relação à homossexualidade. A meu ver, o fator determinante se resume à seguinte questão: o indivíduo se sente em conflito com sua orientação sexual? Se o indivíduo se sente bem e intimamente de acordo consigo mesmo, não vejo o que a psicologia poderia reprovar.

Nós usamos os homossexuais como bode expiatório de nossos males referentes à sexualidade. Propriamente falando, não me parece mais problemático ser homossexual que sedutor ou "bom menino", levando em conta que cada um desses tipos de homens participa da mesma gênese triangular de um pai ausente e de uma mãe presente demais. Em todos os casos, é o aspecto compulsivo de um comportamento que se coloca em questão, não o comportamento em sua essência.

A psicanálise subjetivou demais a problemática dos homossexuais, fazendo deles seres pervertidos e incapazes de viver uma sexualidade plena. Esses julgamentos tiveram apenas o efeito de adicionar um peso extra na carga de culpa que os homossexuais já tinham de carregar. A concepção psicanalítica não considera o fato de que a homossexualidade é o produto de uma cultura que separou o corpo do espírito, os homens das mulheres. O número crescente, ao que parece, de homossexuais assumidos é consequência direta de uma sociedade que proíbe ao homem ser tão sensível quanto a mulher. A homossexualidade exprime a obsolescência dos papéis tradicionais masculinos.

A mãe, ainda a mãe, sempre a mãe

Os homossexuais vivem a mesma fusão com a mãe que os tipos de homens descritos nas páginas anteriores. São apenas os acidentes de percurso que diferem. Frequentemente, as primeiras experiências homossexuais aconteceram em momentos propícios e orientaram assim todo o desenvolvimento sexual.

A mãe de Paul havia morrido no parto. Seu pai, sobrecarregado por uma família numerosa, mandou seu filho, ainda bem pequeno, viver na casa de um tio. O garoto dividia lá sua cama com um primo bem carinhoso e, logo, sua falta de afeto se erotizou. Henri, outro de meus pacientes, por sua vez, foi colocado em um lar adotivo, na casa de pessoas que ele acreditava que fossem seus avós; ele se apegava a soldados de passagem que, ocasionalmente, compartilhavam sua cama e depois partiam em silêncio pela manhã (contaram-lhe que seu pai tinha sido aviador).

Nos adolescentes, a homossexualidade tem frequentemente por motivação a necessidade de explorar seu igual antes de poder enfrentar a mulher. Em alguns casos, isso será apenas transitório. O "clube do bolinha" tem, portanto, uma importância capital. Trata-se de um período em que os jovens homens ficam particularmente vulneráveis, pois devem mudar de polo de identificação. É a necessidade dessa mudança que torna a identidade masculina tão frágil e que faz com que os homens nunca estejam muito longe de se refugiar na homossexualidade. Quando o pai é ausente e não há substitutos paternos, a passagem corre o risco de não acontecer, e o jovem pode permanecer identificado com o feminino. Aliás, se os homens denigrem tanto os homossexuais, é para tentar manter a distância do que os ameaça interiormente.

A sede de iniciação pelo pai

Jung interpreta a homossexualidade[*] como uma identificação com a *anima* (parte feminina), o que explicaria a tendência de vários homossexuais a cultivar "modos femininos". Essa identificação leva automaticamente um indivíduo a buscar sua própria *persona* masculina em uma pessoa de mesmo sexo que ele. Essa atitude comprova o fascínio de vários homossexuais por objetos tipicamente masculinos, tais como correntes, botas ou quepes. Ela comprova também o gosto de certos homens pelas cenas sadomasoquis-

---

[*] JUNG, Carl Gustav. *Tipos psicológicos*. Rio de Janeiro: Vozes, 4ª ed., 2011. (Ver o glossário dessa obra na rubrica *"anima"*.)

tas e os bares desse gênero, onde se brinca de ser homem "de verdade". Anthony Stevens vê nisso, por sua vez, uma sede inconsciente de iniciação, uma busca pelo pai rigoroso, pelo pai forte, busca que acontece principalmente no terreno da sexualidade e da sedução.* Essas duas interpretações esclarecem comportamentos que de outro modo permaneceriam absurdos.

> *Gaëtan, aos 40 anos, estava na festa de uma nova empresa, que ele mesmo havia fundado, e dedicava-se obstinadamente a lutar contra a concorrência e expandir seu negócio. Ele me relatou o evento seguinte, que havia se repetido algumas vezes e que o deixava totalmente derrotado. Durante almoços com empresários mais velhos que ele, sentia-se inevitavelmente obrigado, em um momento ou outro da refeição, a afirmar: "Sabem, não sou um empresário de verdade." Infelizmente, quando um dos convivas é um banqueiro do qual se tenta obter um empréstimo de 100 mil e que os outros são clientes de peso, esse tipo de declaração provoca quase sempre uma catástrofe! Assim, cada vez que isso acontecia, ele voltava a seu escritório com lágrimas nos olhos, pasmo com seu gesto autodestrutivo. Quais podiam ser as razões de uma compulsão como essa?*

Se examinarmos o gesto de Gaëtan sob o ângulo de uma necessidade de iniciação pelo pai, ele se torna em grande parte compreensível. Na realidade, ao confessar sua vulnerabilidade a empresários mais velhos que ele, Gaëtan reforçava a posição deles de pais fortes. Dessa maneira, ele poderia quase certamente levá-los a responder algo como: "Não, mas você está se saindo muito bem!" Tal observação lhe dava a sensação de ser aceito naquela comunidade de homens, elevado ao nível de igualdade, iniciado em sua própria masculinidade.

Uma dinâmica similar se produz igualmente na relação sadomasoquista. Um tem o papel de dominador, o outro, de vítima. Pelo jogo mútuo de projeções, um inicia o outro no mistério da força masculina e vice-versa. Por estar ligada unicamente ao ato sexual, essa iniciação tem, no entanto, seus limites: deve ser repetida toda vez que ressurgir a necessidade sexual.

---

* STEVENS, Anthony. *Op. cit.*, p. 172.

Também para Freud, a ausência do pai tem um papel capital na orientação da identidade sexual. Ao estudar Leonardo da Vinci, ele percebeu que a ternura excessiva de uma mãe abandonada por seu marido provocou no jovem gênio uma identificação com o feminino. A criança deve fazer uma escolha entre guardar seu amor para si mesmo ou investi-lo em uma pessoa do outro sexo. Freud concebe a homossexualidade como um ajuste entre guardar sua libido para si ou cedê-la a outra pessoa. De fato, o amor absoluto por si mesmo, o "narcisismo primário", fase essencial em que se acredita ser o centro do mundo, é fortemente afetado pela descoberta da diferença entre os sexos; contudo, essa ferida pode ser curada e a auto-estima restaurada se houver admiração pelo genitor do mesmo sexo, mas sob a condição expressa de que este último responda com uma admiração similar. Quando o pai é ausente, essa "história de amor" não acontece para o garoto; ele permanece incerto a respeito de sua identidade e da alteridade, a realidade do outro lhe dá medo.

De fato, poderíamos dizer que o homossexual utiliza sua homossexualidade para tentar suprimir a realidade do outro a fim de continuar na "mesma", ou seja, com o que lhe é semelhante. De certo modo, ele se vê na mesma posição que o sedutor, que também tem dificuldade de suportar essa alteridade. Talvez seja por isso que, tanto no homossexual como em Don Juan, as trocas de parceiros muitas vezes são frequentes. Para que o outro exista apenas pelo tempo do desejo, pelo tempo de um sonho, e para que sua realidade não consiga tomar forma.

A reconquista do corpo

Gaëtan nem sempre foi homossexual, não ativamente, ao menos. Com cerca de 20 anos, ele viveu por alguns anos com uma mulher. Sua vida foi profundamente sacudida quando ele teve sua primeira aventura homossexual. Ele tinha uma mãe colérica e dominadora que, segundo ele mesmo, carregava em si "uma espécie de loucura". Além disso, quando era adolescente, ele teve dificuldades com seu pai. Sua masculinidade ficou ferida. Ele fugiu para os ares, tornou-se um desses grandes seres aéreos, meio flutuantes, que impressionam por seu humor constante e seu aparente desapego.

A relação com sua parceira sempre foi aberta e carinhosa. Mas, no momento das relações sexuais, gozar se tornava para ele uma verdadeira contorção mental. Tudo passava pela cabeça em vez de passar pelo corpo; ele precisava ainda imaginar uma série de coisas para conseguir manter sua ereção. Porém, sobre sua relação homossexual ele falava de modo completamente diferente que definia como "mais elétrica", "mais corporal"; o prazer não passava mais pela cabeça, mas era sentido diretamente no corpo, e o contato com o outro se reforçava.

Essas observações nos levam ao cerne do problema. O que Gaëtan nos diz, no fundo, é que a relação com um homem lhe dá acesso ao seu corpo. A ausência de seu pai e a personalidade difícil de sua mãe provocaram nele um desconforto físico que é fortemente sentido durante o contato com uma mulher. Temendo se deixar levar e mergulhar totalmente no prazer físico, ele permanece como observador da relação.

Gaëtan falava da homossexualidade como se fosse um ritual de reconquista de seu corpo e de suas emoções. Ele escolhia, em geral, parceiros passivos que precisavam de seu apoio. Esses parceiros lhe davam a chance de fazer algo que o valorizava aos seus próprios olhos: ele se tornava o protagonista, desempenhando o papel ativo, o estimulador da sexualidade deles. Esses homens lhe permitiam assim afirmar: "Não sou como minha mãe!" A homossexualidade lhe tinha permitido se desprender do corpo de sua mãe e ter acesso a sua própria vitalidade. A reconquista do corpo e da sensibilidade constituem, em minha opinião, o essencial de muitas experiências homossexuais.

Quando um homem vivenciou a ausência física e afetiva do pai, não surpreende que ele tente se encontrar por meio de uma exploração concreta do corpo masculino. Existem certos aprendizados que só podem ser adquiridos entre pessoas do mesmo sexo. É esse o caso da primeira maquiagem que uma garota aplica em seu rosto, ritual que não toleraria a presença de um olhar masculino, e é também o caso das intermináveis competições entre homens, por meio das quais eles aprendem o heroísmo. Sua necessidade de se medir constantemente e até mesmo comparar o tamanho de seus pênis é uma realidade da condição masculina que não pode ser superada sem consequências.

A presença efetiva do pai permite ao jovem homem experimentar seu corpo como algo bonito, que ele pode carregar com orgulho. A maioria dos homossexuais teve experiências terríveis com o pai e é na homossexualidade que se deu o direito de amar o corpo dos homens e, por consequência, seu próprio corpo. A maioria dos homens não se dá o direito de se achar "bonito". Tive um cliente que não buscava o prazer sexual com seus amantes, ele se contentava em desenhar incansavelmente o corpo e as mãos de cada um deles! Sua arte era uma celebração do corpo masculino.

O estabelecimento de uma identidade para um indivíduo começa a partir de um corpo semelhante ao seu. Sem dúvida, é por esse motivo que vários homossexuais frequentam tão assiduamente as clínicas de recuperação; inconscientemente, eles voltam ao início, lá onde algo faltou. Quando um ser se sente mal consigo mesmo, tanto homem como mulher, é primeiramente seu corpo que ele tenta trocar, isso vai do penteado à mudança de sexo, passando pela cirurgia plástica do nariz ou do queixo. Do mesmo modo, o filho poderia se tornar gay porque um homem – com frequência é o primeiro – achou-o bonito, desejou seu corpo e o seduziu.

O medo das mulheres

Para Gaëtan, o medo do outro se concretiza no medo do sexo da mulher. Não é a mulher-companheira, a mulher-amiga que ele teme, é a mulher instintiva, aquela que tem um corpo, um sexo. Ele trai talvez assim seu elo com a mãe, porque, curiosamente, é o sexo de nossa mãe que permanece o grande desconhecido em nossa relação com ela. Gaëtan obedece sem saber à ordem de não pertencer a outra mulher.

Em compensação, ele consagra um culto quase religioso às grandes estrelas, tais como Marylin Monroe ou Greta Garbo. Essa veneração pela mulher deusa reflete uma fascinação pela imagem da mãe que ele gostaria de manter intacta, sempre enfeitada com seus atributos divinos. Como no caso de sua própria mãe, essas estrelas são mulheres intocáveis e, justamente, Gaëtan não quer tocar nenhuma delas.

Vários homossexuais mencionam terem sido testemunhas de cenas violentas entre os pais e terem visto sua mãe ser maltratada pelo pai. Como se pode respeitar seu próprio sexo depois disso? Esses filhos se tornam então os guardiões e os salvadores de uma mãe em dificuldade emotiva, e é assim que se tece o elo indestrutível que os ligará ao corpo de sua mãe, afundando-os de uma só vez no medo de serem devorados e no terror de tocar outra mulher.

A Aids psicológica

Benoît, o irmão mais novo de Gaëtan, sonhou que este último havia contraído o vírus da Aids. Ele interpretou seu sonho no sentido literal e telefonou logo a Gaëtan para lhe dizer para ir fazer um exame e procurar um médico. Nem lhe tinha passado pela cabeça que o Gaëtan do sonho pudesse simbolizar uma parte de si mesmo. A consequência imediata foi que Gaëtan entrou em pânico e chegou à sessão de terapia muito perturbado.

Eu me esforcei para inserir o sonho no contexto da vida de Benoît e na relação entre os dois irmãos ao longo dos últimos meses. Como todos os filhos da família, Benoît é também homossexual. Com 20 anos, ele acaba de deixar a casa da mãe. Segundo Gaëtan, foi ele quem mais sofreu com a separação dos pais. O problema atual é que ele alimenta em relação aos pais uma raiva sem precedentes, da qual não consegue se livrar.

Diante dessa situação e com o objetivo de ajudá-lo, Gaëtan se abriu com Benoît sobre o andamento de sua análise. Ele falou ao irmão do amplo espaço que o tema do incesto emotivo vivido com a mãe tomou em nossas sessões. Ele lhe contou também da influência negativa que a rejeição agressiva por parte do pai tinha tido sobre o desenvolvimento de sua personalidade.

Mas Benoît se recusou a ver correspondências entre a vida do irmão e a sua. Era Gaëtan que estava doente a ponto de ter de recorrer a uma terapia, ele não! Ele projetava sobre o irmão mais velho as dimensões de si mesmo com as quais não queria entrar em contato: as informações que este último tentava partilhar lhe pareciam contagiosas e perigosas a ponto que, metaforicamente falando, para Benoît, Gaëtan tinha Aids.

Achei muito interessante o fato de o inconsciente de Benoît colocar nesses termos suas dificuldades psicológicas. E comecei a me perguntar se a doença no sistema autoimune não teria seu reflexo no plano psicológico. A síndrome da imunodeficiência adquirida não refletiria uma doença do sistema imunológico psicológico, adquirida também?

Em vários casos de homossexualidade, a integridade psicológica do sujeito foi de fato muito abalada por uma infância particularmente difícil, em que ele era refém da batalha que seus pais travavam. Assim, ele tem dificuldade para acionar seu sistema de defesa psicológica. Essa situação torna sempre um indivíduo, homossexual ou não, vulnerável às experiências negativas.

Os estudos efetuados pela médica californiana Louise Hay[*] estabelecem um elo direto entra a doença do sistema imunológico e o estado psicológico do indivíduo. Suas observações em relação aos portadores do HIV a levam a esta conclusão: pouco importa o tipo de tratamento empregado nas pessoas com Aids, seja a quimioterapia ou a medicina alternativa, os doentes que conseguem desacelerar a evolução da doença são aqueles que empreendem uma terapia no plano psicológico. As técnicas de visualização mental lhe parecem particularmente eficazes para manter o indivíduo em boa saúde mental; *Corpo a corpo: Aids, diário de uma guerra,*[**] do francês Emmanuel Dreuilhe, demonstra isso de modo bem enfático.

Em resumo, apesar da realidade das práticas sexuais de alto risco dessa população, a vulnerabilidade dos homossexuais ao vírus não viria também de uma predisposição psicológica refletindo uma fragilidade no plano físico? Se sim, os homossexuais seriam filhos carentes particularmente atingidos pela ausência da triangulação pai-mãe-filho.

---

[*] Louise Hay relata suas pesquisas nos livros: *Cure seu corpo* e *Você pode curar sua vida*. Quanto à inter-relação entre o sistema imunológico e o estado psíquico, a revista americana *Newsweek* tratou do assunto em seu número de 7 de novembro de 1988, intitulado "Body and soul".

[**] DREUILHE, Alain Emmanuel. *Corpo a corpo: Aids, o diário de uma guerra*. Rio de Janeiro: Paz e Terra, 1989.

O homoerotismo

Apresenta-se, nos homossexuais, o mesmo drama que nos heterossexuais, pois eles, assim como estes últimos, vivem com a ideia de achar a pessoa ideal e de formar com ela uma união estável. Mas, seja porque não há filhos em jogo, seja porque a união ideal é frequentemente uma utopia (e ainda mais frequentemente nos homossexuais que nos heterossexuais), nós os vemos passando de aventura em aventura, empolgados com uma nova pessoa e depois, alguns meses mais tarde, decepcionados. Cada vez que os acompanho nesse processo que parece querer repetir-se indefinidamente, espero e quero crer, como eles, que, daquela vez, a relação dará certo. Contudo, sei bem, assim como eles também sabem, que há grandes chances de não ser o caso, e que o fato de amar demais, de querer amar demais, significa no fim das contas não se amar o bastante.

Parece-me às vezes que Gaëtan busca menos a sexualidade com outros homens do que uma forma de erotismo. Na idade adulta, a necessidade profunda de estar com homens persiste para muitos de nós. Sobre isso, os testemunhos que obtive ao longo de vários *workshops* com homens adultos concordam no seguinte: partilhar um vínculo os torna mais certos de si mesmos, mais confiantes e mais empreendedores. Todos dizem que desconfiam menos de outros homens. Eles simplesmente descobrem sua necessidade de relações homoeróticas, em outras palavras, sua necessidade de trocar sentimentos e afeto com outros homens. Ver outros homens mostrando vulnerabilidade ou violência, tocá-los, falar com eles, confirma cada um em sua identidade masculina. Todo homem possui uma parte homoerótica que precisa reconhecer se quiser atingir sua sensibilidade plena.

Julien, o homem rosa

Como muitos homens de sua geração, Julien viveu uma fase feminista. Ele leu alguns volumes do diário pessoal de Anaïs Nin e apreciou *Paroles de femme,* de Annie Leclerc; ele refletiu sobre os ensaios de Simone de Beauvoir e gostou de *The golden notebook,* de Doris Lessing. Na onda das reviravoltas culturais que ocorreram no fim dos anos 1960, ele se tornou feminista. E, em princípio, não deixou de ser.

Porém, não seria preciso questionar a verdadeira motivação de seu engajamento? Julien não teria simplesmente usado o feminismo como um diferencial para ser bem-visto pelas mulheres?

Julien tem hoje 30 anos. Confidente de uma mãe depressiva e abusada por um marido autoritário, ele, adolescente, foi contra seu pai algumas vezes a fim de defender a integridade de sua mãe. Além de criar uma dificuldade de identificação com o masculino, sua infância e sua adolescência o tornaram muito sensível às reivindicações das mulheres. Ele era, por assim dizer, feminista antes da hora. Ele se casou com uma mulher forte, de cabeça bem resolvida, com quem partilhava as ideias sobre a relação. Veio o primeiro filho. A gravidez desenrolou-se sem muitas dificuldades, ainda que Julien se sentisse cada vez mais abandonado. Assim que a criança nasceu, foi bem mais difícil. Ele não podia tolerar que sua mulher desse toda a atenção ao bebê e, não conseguindo demonstrar suas frustrações, tornou-se violento.

Aconteceu com Julien algo que acontece com muitos homens. Assim que o olhar da parceira os deixa, eles não existem mais, seu mundo desaba, eles caem no vazio. Eles voltam a ser crianças birrentas e briguentas. Para a mulher, é como ter um filho a mais para cuidar.

A razão profunda para a adesão de Julien ao feminismo encontra-se em seu medo de ser abandonado e em seu desejo ardente de ganhar constante afeto materno pelo menor gesto de boa vontade que seja.

Seu feminismo não é uma escolha pensada; é mais uma tentativa de agradar à mulher e assegurar-se de ser querido por ela. Porém, como um homem que não se libertou de sua mãe, ele não pode amar outra mulher: sua libido, sua força de viver, continua acorrentada ao complexo materno. Isso significa que ele não pode sacrificar suas próprias necessidades para atender às de outra pessoa.

Com muita frequência, os homens traem ou abandonam a mulher quando ela está grávida ou quando acabou de dar à luz, no momento em que ela mais precisa do apoio e da presença do parceiro. Eles perpetuam, desse modo, a herança dos pais ausentes.

O feminismo é o fruto de uma reflexão profunda das mulheres sobre sua condição. Não há razão para uma adesão impensada de nossa parte, mas sim para uma reflexão, no mesmo sentido, sobre nossa própria condição de homem. Nosso feminismo superficial esconde mal o fato de que continuamos sendo "filhinhos da mamãe". Esconde mal nosso medo profundo da mulher.

Narciso, o mal-amado

Alguns ecos de Marie

À mesa de um bar, eu tomava uma cerveja na companhia de uma colega da minha idade. Eu acabava, após longos meses, de reencontrar Marie, e nós tínhamos muito para conversar. Porém, a chegada de um belo jovem fez a nossa conversa mudar inesperadamente de rumo. Bastou ele pôr os pés no estabelecimento para Marie engasgar com a bebida. Eu lhe perguntei qual era o problema. Ela me contou então a aventura muito peculiar que havia vivido com ele.

Durante o verão passado, ela havia se envolvido com o jovem em questão, 8 anos mais novo. Ela tinha ficado atraída por seu charme e, sobretudo, por seu sorriso irresistível. Os primeiros momentos da relação foram bem agradáveis. Porém, após apenas algumas semanas de namoro, ela já tinha a sensação de um vazio incomensurável dentro de si. Parecia que ele só se interessava por si mesmo. Tudo era relacionado a ele e queria ser o centro da atenção. Quando ela contava algo pessoal, ele a interrompia para falar algo parecido referente a ele. Na verdade, ele só se interessava pelo que ela fazia se pudesse tirar um proveito direto disso. Não havia, pelo que parece, lugar para ela em sua vida.

Um dia em que Marie ia fazer uma conferência importante, ele provocou uma briga por causa de um detalhe insignificante poucos minutos antes da apresentação. Ele tinha um prazer maligno de estragar-lhe as alegrias. Tudo indicava que ele não podia tolerar o bem-estar ou o sucesso de sua namorada se isso não dependesse dele. Era preciso que ela se apagasse ou lhe deixasse acreditar que ele era o centro de seu universo, senão o casal naufragava.

No plano sentimental, as coisas também não iam bem. Ele tinha medo de se abrir e de se deixar tocar. Ele estava preso dentro de si mesmo e se entregava pouco. Porém, toda vez que Marie queria pôr um fim na relação, ele protestava inten-

samente e se agarrava a ela. Não dava para entender. Marie concluiu que ele a na-
morava por causa de seu dinheiro e sua reputação. Ele estimava mais o que ela
fazia do que o que ela era. Ele não gostava dela, gostava do que seria "após" ela!
Em vez de fugir, Marie persistiu. Ela queria conhecer o segredo de seu parcei-
ro. Sua discreta investigação a levou logo para o lado da infância. Ela acreditava
que o comportamento de seu namorado se explicaria pelo fato de que ele teria sido
mimado demais quando criança, e que seus pais teriam obedecido a seus mil e um
caprichos. Para sua grande surpresa, ela descobriu uma realidade totalmente di-
ferente. No plano material, é verdade que não lhe tinha faltado nada e que, por
outro lado, seus pais lhe haviam dedicado muita atenção. Mas era sempre para
inundá-lo de suas próprias ambições, sem respeitar a individualidade do filho.
Isso explicava por que, com um diploma universitário nas mãos, ele preferia em-
pregos que estavam fora de sua área de especialidade. Ele obteve seu "canudo"
para agradar aos pais; agora que já havia conseguido isso, mantinha-se ferozmen-
te a distância dos desejos deles em relação a si.

Marie entendeu então que seu namorado nunca tinha sido reconhecido como
uma pessoa inteira por seus pais. É por isso que ele buscava tanto se colocar em evi-
dência. Ele sofria de uma profunda ferida de amor. Essa ferida estava tão viva que ele
não podia correr o risco de descobri-la. Quando ela quis abordar esse assunto, ele fi-
cou mudo. Não podia tolerar ver sua vulnerabilidade refletida nos olhos de outra pes-
soa; ele precisava que sua namorada o visse sem falhas. Marie se tornara um espelho
negativo demais. Vivia para ser desejado, dizia ele, não para ser criticado. Ele logo se
desinteressou pela relação e a deixou, sem compreender o amor que ela tinha por ele.

Era a primeira vez que eles se encontravam após longos meses de separação.
Entendi que ela queria falar com ele e me despedi de Marie. No caminho de volta,
eu me pus a pensar no mito de Narciso, no qual o jovem recusa as investidas amo-
rosas da bela Eco para se apaixonar por sua própria imagem. Decidi dar o apeli-
do de "Narciso" ao namorado de Marie.

Ser desejado a qualquer preço

Ao contrário do que se acredita, Narciso não é um homem que se ama
demais ou que só ama a si mesmo. Trata-se, aliás, de alguém com uma terrível falta de amor, por não ter tido o bastante quando criança; ao menos

não o bastante para ter autoconfiança e acreditar ser digno da estima dos outros. Sua individualidade intrínseca, sua riqueza própria não foram suficientemente reconhecidas no ambiente familiar. Sua busca por amor é ferrenha, ainda mais porque ela permanece em grande parte inconsciente; ele adaptará seus modos para "agradar a qualquer preço", para tentar preencher o vazio que há dentro de si.

A psicanálise usa essa metáfora de Narciso apaixonado por sua própria imagem para demonstrar que a personalidade narcisista* usa os outros como espelho dela mesma; busca um vislumbre de reconhecimento nos olhos alheios. Narciso só vive para ser desejado.

Ser desejado! Esta não é também a ambição do herói, do *puer*, do sedutor, do homossexual ou do jovem pai ciumento em relação aos cuidados que a mãe dedica ao filho? Querer ser desejado, o que há de mal nisso? Nada, o problema surge de fato no momento em que um indivíduo só consegue viver nessas condições, a ponto de esquecer sua própria essência, seus próprios limites, sua própria imperfeição, exatamente como o Narciso do mito que, a propósito, morre por causa disso.

O outro lado da medalha é o seguinte: para ser desejado, Narciso precisa se moldar ao desejo do outro. Ele se coloca assim em um falso desenvolvimento. Viverá segundo uma "superadaptação" a seu ambiente; tenso, contraído, incapaz de se soltar, como se fosse ser punido caso ousasse se distanciar do que deve ou não fazer.

Narciso encontra a confirmação de sua própria essência no olhar dos outros. Os outros lhe servem de espelho, estão ali para confirmar que ele existe; e quanto mais ele se aproxima de quem lhe é importante, mais se sente importante. Ele adora "se ligar" a pessoas conhecidas. Na verdade, como evidenciou Marie, ele gosta do que se torna "após" o convívio com essas pessoas; gosta de se ligar a elas sem que isso transpareça.

---

* Em seu aspecto mais grave, a psicologia do filho carente se assemelha de modo singular com os casos narcisistas que a psicanálise neofreudiana se dedicou a estudar nos últimos anos (ver o texto inspirador de Kohut, Hein. *Le Soi*. Col. Le Fil Rouge, Paris: Presses Universitaires de France, 1974, p. 374). Essa psicologia do narcisismo tem reflexos da psicologia do *puer* descrita pela psicologia analítica (junguiana) e assemelha-se também com o que se convencionou chamar de "caráter passivo-agressivo".

Narciso nunca admite sua terrível necessidade dos outros, pois esse desejo ardente o colocaria em contato com o imenso vazio que o habita. Quanto menos ele sente seu interior, mais sua busca por compreensão e afeto se torna frenética e desesperada. Seu senso de identidade e sua alegria dependem somente do fato de ser amado e ser popular. É, por sinal, essa exclusividade que o leva ao drama.

Sua confiança em si mesmo flutua muito: ela está para cima se ele se vê bonito no espelho, que representa os olhos dos outros; para baixo, se o espelho lhe parece desfavorável. Dessa forma, ele se encontra extremamente vulnerável à crítica negativa e responde a isso se detestando. É incapaz de se amar ou se alegrar por seus bons atos, tem até mesmo dificuldade em aceitar uma glória merecida. Seu espelho interior é depreciativo, exatamente como aquele da madrasta invejosa em *Branca de Neve*. "Espelho, espelho meu! Existe alguém mais bela do que eu?" E o espelho responde: "É Branca de Neve!"

Narciso virou um importante elemento de nossa cultura, como mostra o livro do historiador americano Christopher Lasch, *The Culture of Narcissism*.* Uma cultura dita narcisista repousa essencialmente sobre as noções de sucesso e de fracasso; ela não conhece o meio-termo entre os dois. No seio dessa cultura, a imagem ganha então muita importância, pois se trata mais de parecer que ser. Tal sociedade sofre de uma identificação grande demais com a *persona*, isto é, com a máscara social. Tal ênfase sobre a própria imagem tem necessariamente por efeito "adoecer" o desenvolvimento global da personalidade. Isso acontece sempre às custas da sensibilidade individual, às custas da *anima*, que logo se torna a "louca da casa".

Rock, o revoltado

Em busca do pai desaparecido

O canal televisivo Radio-Canada apresentava, em fevereiro e março de 1988, uma minissérie de cinco horas intitulada Rock. *Essa série conta a delinquência e*

---

* Lasch, Christopher. *The culture of narcissism: American life in an age of diminishing expectations.* Nova York: Warner Books, 1979, p. 447.

a reabilitação de um adolescente, que fugiu da Costa Norte, onde nasceu, para procurar seu pai em Montreal. Logo desiludido e sem dinheiro, ele recorre a pequenos furtos, depois à prostituição e enfim se deixa "apanhar" pela polícia. Colocam-no em um reformatório. O amigo de infância, que o acompanhou em sua fuga, segue o mesmo trajeto, mas vai parar na prisão, onde terá de aprender a ser forte; uma vez solto, irá confrontar-se com seu pai e o esfaqueará, deixando-o quase morto.

Não é por acaso que a série acaba com a quase morte de um pai por seu próprio filho; na verdade, ela é inteiramente consagrada à questão do pai ausente. O pai de Rock deixou a casa sem avisar, abandonando em um belo dia sua família e seu comércio. Ele havia dito que sairia para ir comprar cigarro e nunca mais o viram. Rock nunca aceitará esse abandono do pai e, ainda menos, o fato de sua mãe ter refeito sua vida com outro homem.

Uma cena bem emocionante vai decidir sua fuga para a cidade. Todo dia, Rock vai ao pequeno porto do vilarejo na esperança de ter novidades do "desaparecido", que era marinheiro de profissão. O capitão de um barco, amigo e mensageiro de seu pai lhe entrega enfim um pacote contendo um isqueiro de ouro e uma fita cassete. Louco de alegria, o adolescente corre pela costa que faz margem ao rio para ouvir a mensagem tão esperada. Ele vai enfim saber, acredita ele, as verdadeiras razões da partida de seu pai, e espera também que ele anuncie a data de sua volta. Ele põe seu rádio com cassete sobre uma pedra e, longe de todos, ouve a preciosa mensagem. Mas as palavras do pai são confusas, incoerentes, banais e interrompidas pelo silêncio.

Tomado pela decepção e frustração, Rock acaba gritando: "Mas fale, diga alguma coisa!" Berrando essas palavras amargas, ele dá um chute no rádio, que vai parar no mar. A sequência dessa cena é uma corrida louca na floresta, ao longo da qual o herói se agarrará a uma pequena árvore e a arrancará com raiz e tudo. Essa árvore é o símbolo de sua curta vida já despedaçada. O abandono e o mutismo de seu pai vão levar à descida de Rock ao inferno da delinquência, em busca do pai desaparecido.

A energia indomada

Os delinquentes são bandos de jovens revoltados, afundados no alcoolismo, na prostituição ou na droga, e que vivem perambulando pela rua.

A rua se torna seu lar, exatamente como a pobreza ou a doença. Os delinquentes representam toda essa força indomada, não orientada pelo princípio paterno. Eles vão se dedicar, por vingança ou então simplesmente por necessidade de sobreviver, a fazer o mal em resposta ao mal que lhes foi feito. Os delinquentes são nossos redentores negativos; eles nos lembram nossa própria humanidade, aquela que temos a tendência a esquecer, envolvidos em nossos projetos altruístas.

É interessante constatar que esses grupos reproduzem a ordem que eles contestam. Reinam entre eles uma hierarquia e uma disciplina surpreendentes; obedecem àqueles que cometeram os maiores golpes, que arriscaram a vida ou que já foram presos. Vários desses grupos valem-se também de ritos de iniciação que seguem ciclos e respeitam os esquemas tradicionais. Sabe-se, por exemplo, que algumas gangues de motoqueiros exigem de seus vários membros que eles tenham matado alguém antes de fazer parte de sua fraternidade. Outras gangues pedem ao novato para urinar em sua jaqueta de couro ou violentar uma garota. Por toda parte, devem afirmar seu poder e sua vontade "de ser um homem". Heroísmo, fidelidade e solidariedade são o que está em pauta, e eles correm o risco de morrer caso decidam deixar o grupo.

O pai do Mal

O problema da delinquência é mais significativo do que se pensa. Gangues de adolescentes, fortemente armados, travam verdadeiras guerras para o controle do mercado da droga. Em 1987, na cidade de Los Angeles, houve mais de 400 assassinatos ligados a essas brigas de clãs; estima-se em 70 mil o número de jovens que fazem parte de um desses mais de 600 grupos.[*] Em 1986, a descoberta, no fundo do rio Saint-Laurent, em Quebec, de oito cadáveres enrolados em sacos de dormir e presos a blocos de concreto, evidenciou a ação desses bandos. Essa matança tinha também como origem a luta entre duas gangues de motoqueiros por causa da droga.

---

[*] Radio-Canada AM, CBF 690. "Informations", 3 de abril de 1988.

Esses clãs têm os nomes de Hell's Angels ou Satan's Choice, e neles podemos ver sobreposta a figura do pai do Mal. Aproximam-se do pai como podem! Quem não é fascinado pelo bom pai do céu, torna-se presa do pai do inferno. Assistimos então à emergência de uma potência arcaica cujos opostos, o Bem e o Mal, permanecem separados.

A individualidade consiste em poder realizar em si mesmo a união desses opostos. Sendo ao mesmo tempo bom e mau, forte e fraco, o verdadeiro pai abre o caminho da humanidade a seu filho. Quando ele não adquiriu um rosto pessoal para a criança, ele a condena a seguir um modelo estereotipado e machista: hierarquia absoluta, luta pelo poder e desprezo pelas mulheres. O filho se torna presa de impulsos agressivos que não consegue dominar, e pode até mesmo cometer um assassinato para provar sua virilidade.

Sébastien, o desesperado

Há pouco tempo, conheci Sébastien, que veio me consultar seguindo os conselhos de um professor. É um jovem alto, forte e sensível, que parece debochado e sarcástico. Um aluno brilhante: com 20 anos, já terminou um bacharelado universitário. Ele me declara, assim que o assunto é abordado, que não sabe o que veio fazer em meu consultório. Ele não consegue ficar parado no lugar de tão nervoso, levanta-se, vira as costas para mim e vai até a janela. Em seu pulso, vejo a cicatriz saliente deixada pela lâmina que rasgou seu braço há pouco menos que um mês.

A dor que não tem sentido

Como Sébastien, cada vez mais os jovens tentam acabar mais rápido com suas vidas. Parece que o suicídio é a principal causa de morte entre eles, seguido pelos acidentes nas estradas. A cada ano, esse flagelo toma proporções epidêmicas entre as novas gerações.

Na França, a partir de 1945, as estatísticas relacionadas ao suicídio inverteram-se totalmente. Antes de 1975, os homens acima de 40 anos suicidavam-se mais que aqueles de 20 a 40 anos. Mas hoje, a frequência do suicídio entre os jovens é superior àquela entre os homens mais velhos. Além disso, o número de suicídios aumentou rapidamente entre os jovens: 8.300 em 1975 comparado a 12.500 em 1985.[*]

Quebec possui, por sua vez, em meio a seus tristes recordes, o do maior número de suicídios no mundo entre a faixa etária que vai de 18 a 25 anos. Um estudante de nível pré-universitário a cada 12 confessa ter tentado se suicidar, e, apenas em 1982, houve 421 suicídios de jovens com menos de 30 anos.[**] As estatísticas revelam que uma tentativa a cada 10 é fatal, o que significa que em 1982 houve 4.210 tentativas de suicídio entre adolescentes e jovens no ensino médio. Considerando os suicídios, o número de garotos é duas vezes maior que o de garotas.

O célebre estudo de Émile Durkheim, *O suicídio*, publicado em 1897, já destacava o fato de que os homens não se suicidam somente por causa de distúrbios de saúde mental, mas que o suicídio tem causas sociais. Quanto mais uma sociedade integra seus membros, menos suicídios há; quanto mais as normas que asseguram a ordem social se desintegram, mais o índice de suicídio aumenta.

Isso explicaria porque os mais velhos puderam tolerar a dificuldade de viver em condições materiais frequentemente precárias, enquanto os jovens se desesperam. A religião de antes, o credo materialista e o conforto que ele prometia, a possibilidade de dar uma educação aos filhos, davam um sentido aos sacrifícios das gerações anteriores. Mas, atualmente, em um contexto em que o desemprego ameaça todas as profissões, que o estresse do mundo moderno aumenta e que as tradições desmoronam, viver perde seu sentido.

Segundo uma pesquisa realizada pelo Centro de Comunicação em Saúde Mental do hospital Rivière-des-Prairies, em Montreal, os jovens consideram o suicídio *para parar de sentir dor*. E, de fato, a dor de que Sébastien fala, aquela que faz realmente mal, aquela que ataca um ser em sua integridade, é a dor que não tem sentido, aquela que ele aguenta sem saber o motivo.

---

[*] PHILIPPE, Alain. *Suicide: évolution actuelle.* Paris: Interforum, 1988.

[**] "Le suicide chez les jeunes prévenu grâce à un vidéo", em *La Presse,* Montreal, 16 de junho de 1987.

Mais uma vez, nesse caso, a falta do pai é brutalmente sentida. Seu papel não era, nos ritos de iniciação tribais, dar um sentido ao sofrimento? A mutilação que o pai devia impor aos filhos não fazia parte integral do rito? Os jovens adolescentes deviam aprender a tolerar a dor, a amenizá-la e a dominá-la se quisessem ser aceitos no mundo dos homens. As feridas voluntariamente impostas pelo pai simbolizavam os sofrimentos que estavam por vir, davam-lhes uma significação mítica. O sofrimento se tornava um companheiro inevitável do crescimento de um indivíduo e de sua aprendizagem das leis do universo.

Hoje, o sentido do sofrimento se perdeu. Não é mais transmitido pelo pai que, obcecado pelo conforto, busca também fugir dele de todas as formas (por exemplo, abandonando a mulher e os filhos, o que é bem comum). Quando há incompreensão da função do sofrimento, quando ele não é mais assumido pelos pais, assistimos ao desolador espetáculo de uma geração de jovens que, diante do horror do mundo, refugiam-se no suicídio. O suicídio é o meio mais definitivo que um ser humano pode usar para livrar-se da dor de viver e para tentar evitar o absurdo.

Christian, o drogado

Christian é um sobrevivente do efeito da droga. Ele tem 40 anos. Filho do *baby-boom*, ele viveu sua adolescência no contexto da nova pujança econômica do pós-guerra e durante a Revolução Tranquila quebequense. A droga lhe serviu de passagem iniciática. Seus iniciadores culturais foram os Beatles, Marcuse e o Dr Timoth Leary, o apóstolo do LSD. Essa época coincidiu com a rejeição dos valores de seu pai, que bebia.

A iluminação instantânea

A droga foi para ele uma possibilidade de contato com o infinito e o mundo sem limites. Ela lhe permitia, expandindo suas percepções, o acesso instantâneo a novos estados de consciência que lhe abriam o caminho para uma visão diferente das estruturas do mundo e da psique. Com 20 anos, Christian era filho de Dionísio.

O mestre das transformações

Para os gregos, Dionísio era o deus do êxtase e da embriaguez; presidia às Iniciações, como o Mistério das transformações. Precursor de Cristo, ele morria também para renascer. Ele era morto e desmembrado por seus discípulos que comiam sua carne e, de manhã, as ninfas reuniam seus membros. Esse rito simbolizava a embriaguez do álcool: o bêbado, sob a ação da bebida, explode, mas desperta no dia seguinte com sua lucidez recuperada. O mistério cristão da transubstanciação conservou elementos do rito dionístico: o padre, durante a missa, bebe vinho.

A maioria dos ritos iniciáticos convida os neófitos à prática de alguns exercícios ou a consumir algumas substâncias que os mergulham em um estado de transe: toda metamorfose precisa de uma libertação da consciência corriqueira. Esses ritos têm a meta de pôr o neófito em contato com o que é sobre-humano, com a Vida ou o Espírito que está atrás das aparências. É por isso que a bebida alcoólica tem o nome de *"eau-de-vie"* [água da vida] em francês e de *spirit* (espírito) em inglês, que os cogumelos alucinógenos são chamados de "cogumelos mágicos" por seus usuários e que a maconha se tornou a "erva do diabo".

Para os seguidores de Dionísio, o bacanal, o ancestral de nossos carnavais, era uma festa onde todos os excessos eram permitidos (libertinagens, orgias, danças, bebedeiras), e onde celebravam o deus, tentando encontrar seu Espírito e provar de seu êxtase. Mas, como os carnavais, esses rituais de bacanal se desenrolavam em momentos bem específicos do ano. Hoje, perdemos o sentido real da festa e comemoramos o ano todo, queremos que o prazer seja perpétuo e nos recusamos à privação dele. Não surpreende que seja desde então o aspecto sombrio do deus que vem à tona e que, em vez de servir para nossa transformação, nossos bacanais servem mais frequentemente para nossa infantilização.

Quando consideramos a sede selvagem e desenfreada com a qual milhares de *baby-boomers*, como Christian, tomaram a poção mágica, não podemos deixar de pensar que havia realmente um impulso autodestrutivo nessa busca por uma mudança a qualquer preço. É verdade que toda metamorfose dionisíaca passa pelo mistério da morte; mas trata-se de uma morte simbólica, uma morte que não é para ser buscada literalmente. Eles queriam mudar ou morrer, e pediam às drogas o impossível. Mas estas só oferecem a ilusão da mudança, encorajam a passividade e fazem crer que tudo está feito enquanto tudo está por fazer.

A mãe negra

Assim, se ela pôde lhe abrir a porta do Instante e salvá-lo de uma auto-observação maníaca, a droga não tardou em tornar-se, para Christian, uma mãe negra que o alimentava com sua substância. Ele não queria mais sair do êxtase dionisíaco, queria continuar a se fartar na mamadeira psicodélica. A droga fazia com que se sentisse vivo, dava-lhe uma impressão de poder total e o fazia penetrar em um mundo mágico. Como ficar admirado que ele tenha se encontrado, alguns anos mais tarde, no limiar de uma monotonia cotidiana que lhe parecia revoltante? A droga, que o havia feito "voar" tão alto, arrastava-o agora para baixo.

Se para vários de seus amigos a experiência da droga constituiu uma iniciação significativa, ela adquiriu para Christian um rosto terrível: o da doença e da criminalidade.

Quando Christian ficou farto de viver na ilegalidade para poder ter sua dose cotidiana de cocaína, ele resolveu se desintoxicar, mas foi somente para se afundar, no ano seguinte, em um alcoolismo profundo. A figura de Dionísio mergulhado em seu barril de vinho o representava com perfeição. Com 30 anos, Christian era o filho preferido de Dionísio.

O perfil psicológico de Christian

Após fazer sua segunda desintoxicação, Christian não representava mais o retrato típico do *baby-boomer*, mas o do alcoolismo; ele vivia uma grande dependência oral, tinha uma necessidade constante de ser nutrido e de receber algo. Em uma conversa, ele reduzia tudo a si mesmo e a suas próprias experiências, permanecendo constantemente centrado em sua pessoa. Ele tinha fortes impulsos agressivos, e qualquer meio lhe servia para escapar da angústia que o fato de ficar sozinho podia provocar nele.*

No cotidiano, se sua necessidade de atenção fosse frustrada, sentia raiva e tentava sufocar sua decepção e sua hostilidade bebendo. O álcool lhe servia de substituto simbólico do afeto. Bebia também para ferir aqueles que, segundo pensava, tinham sido mesquinhos em sua solicitude para com ele. Não se dava conta de que o efeito mais imediato dessa atitude era a punição de si mesmo, afundando-se em uma degradação masoquista. Se não sentia tanta culpa por suas explosões de agressividade, temia principalmente ser rejeitado pela parceira e pelos amigos.

Sua necessidade de beber era constantemente renovada em busca de um sentimento de poder e de um bem-estar total; ele queria sentir-se independente dos outros e, sobretudo, das mulheres. Ele precisava se mostrar como invulnerável e insensível. Christian acreditava ser irresistível aos olhos das mulheres e estava sempre pronto a defender sua honra, por meio da força se fosse necessário. No fim das contas, após ter sido um drogado de cabelos compridos, ele se tornou um machão.

O machismo traduz uma atitude de superioridade masculina que se exprime pelo desejo de exercer poder sobre as mulheres e de mantê-las em uma posição inferior. Evidentemente, tal atitude indica mais "um medo das mulheres que uma convicção de superioridade". Em outros termos, o machismo é uma compensação para os sentimentos de fraqueza, dependência e passividade de um homem; sua aparente dureza não passa de fachada. Porém, como Christian, muitos homens atuais tendem ainda a esse modelo de "macho", a ponto de só se sentirem realmente "homens" quando conseguem de fato segui-lo. Felizmente, o homem-que-nunca-chora está cada vez menos na moda.

O alcoólatra do papai, o alcoólatra da mamãe

Christian é o que poderíamos chamar de um alcoólatra "matriarcal": ele já cedeu ao poder da mãe. Ele vive em um mundo dominado pelas mulhe-

---

* Retiro esses traços característicos do alcoólatra de um estudo realizado por Fromm, E. e Maccoby, M. *Social character in a Mexican village*. Englewood Cliffs: Prentice Hall inc., 1970, cap. 8, pp. 156-178.

res e é mais dependente que os outros homens. Esse tipo de alcoólatra é frequentemente um filho de família monoparental cuja mãe, na maioria dos casos, não sabe quem era o pai. Ela se mostra ao mesmo tempo complacente e sádica em relação ao filho, "superprotetora", mas intolerante diante de seus desejos de independência. Ela diz protegê-lo do mundo exterior, enquanto subjuga seu espírito de iniciativa e sua confiança em si mesmo.

Por outro lado, o alcoólatra "patriarcal" diferencia-se de Christian no sentido de buscar viver de acordo com o ideal patriarcal; então, por sua receptividade passiva e sua dependência, ele é posto em xeque por sua mulher: ele não está preparado para a guerra dos sexos. Ele tem frequentemente a infelicidade de casar-se com uma mulher dominadora e às vezes destrutiva. Como não encontra coragem para contestá-la, ele se refugia no álcool para sair de casa e reencontrar sua alegria de viver. É somente quando está bêbado que ele tem força para enfrentá-la ou até bater nela. Ele compartilha com Christian a fraqueza perante as mulheres e o fato de substituir a independência e a virilidade por uma agressividade sádica.

Quando um modelo se desintegra

No plano social, os antropólogos que abordam a questão do alcoolismo constataram o seguinte: quando a estrutura de uma sociedade é claramente definida, sendo nitidamente matriarcal ou nitidamente patriarcal, são encontrados, relativamente, poucos alcoólatras. Na primeira, porque os homens não precisam provar o tempo todo que são homens e lutar por um poder que, de qualquer modo, eles não terão. Na segunda, porque sua autoridade não é questionada. Contudo, vivemos em sociedades onde o poder tradicional dos homens perde força, o que, como as estatísticas demonstram, favorece sua tendência a beber.[*]

---

[*] No que concerne ao consumo de álcool nos diferentes países, as estatísticas de 1980 tiveram o seguinte resultado: a França lidera a lista com um consumo médio de 14,8 litros de álcool por pessoa, por ano; o Canadá aparece em décimo sexto lugar com 9,1 litros de álcool por habitante; e os Estados Unidos em décimo nono lugar com 8,7 litros por habitante. Considera-se que, no Canadá, uma pessoa a cada dezenove é dependente de álcool. Há quatro vezes mais homens que mulheres alcoólatras; os solteiros, os divorciados e os desempregados bebem mais que os outros. E, por fim, começa-se a beber cada vez mais cedo e 10,5% das mortes no Canadá estão relacionadas ao uso de álcool. (Fonte: *L'alcool au Canada, une perspective nationale*, Santé et Bien-être social Canadá, 2ª edição revisada, Ottawa, 1984.)

A desestruturação do modelo patriarcal, que é vista em boa parte do ocidente, é reforçada em Quebec pelo fato de sua população ter sofrido uma conquista. Que se trate dos índios mexicanos conquistados pelos espanhóis, ou dos índios dos Estados Unidos e do Canadá conquistados pelos franceses e por outros brancos, o alcoolismo é uma resposta clássica à perda de poder de uma sociedade.

Ao considerar a história de Christian, parece essencial compreender que uma família monoparental sem pai pode predispor as crianças à dependência de substâncias tóxicas; o pai não está ali para barrar as necessidades simbióticas do filho. Em consequência, este não aprende a resistir a suas necessidades orais ou a seus impulsos agressivos. Parece então fundamental que os pais tomem consciência dessa realidade e aprendam a assumir melhor suas responsabilidades perante os filhos, sobretudo após uma separação.

Encarnando o auge da dependência e do aprisionamento no mundo materno, Christian nos oferece um bom ponto de referência. Ele expande o que os outros filhos carentes trazem no fundo de si mesmos. Não é por acaso que Dionísio é também o deus das máscaras e do teatro, onde os traços individuais podem ser exagerados até virar uma caricatura. Aquilo que nos outros mal se manifesta, aqui salta aos olhos. Parece-me que chegamos ao fim mais dramático dessa desestruturação da identidade masculina por causa da ausência do pai. A grande questão permanece: acharemos um Espírito no fim do túnel? Saberemos prosseguir nosso caminho iniciático para que uma virilidade renasça, mais madura e menos baseada no medo das mulheres? Que Dionísio, mestre dessa tragicomédia, ouça-nos!

Epílogo do diretor

Aí está, caro público, nosso espetáculo termina aqui. Com todos esses filhos que procuram um pai e tentam, às vezes desesperadamente, romper com um complexo materno dominante. Trabalhando com esses atores, afeiçoei-me a eles. Como já lhes disse, não se trata para eles de parar de ser deste jeito ou de outro, mas sim de pôr em questão seus comportamentos de sentido único e sua identificação impensada com seu personagem. Para cada um deles, a aposta continua sendo aceitar jogar fora seu script *e tornar-se real.*

Mas talvez se perguntem: "O que acontecerá se o herói não for mais dominado por seu complexo materno? O teatro terá de fechar as portas, por falta de ator? Quem, quando eles forem todos "homens", encherá nossos olhos de prazer? Com quem sofreremos no momento da morte? E se os sedutores e os adolescentes eternos morrerem por uma dose excessiva de responsabilidades, quem nos levará a fazer ou a pensar o que não queremos? E que catástrofe seria se todos os bêbados ficassem sóbrios e os bons meninos parassem de ser gentis!"

Não precisam temer, mesmo se a psicanálise conseguir tirá-los de seu estranho aprisionamento – o que, diga-se de passagem, pode levar muito tempo no ritmo em que vão as coisas! –, o teatro não terá de fechar suas portas. Os heróis serão sempre heróis; os sedutores continuarão sedutores; mas, como não estarão mais limitados a seus personagens, como terão superado essa barreira e estarão aptos a viver uma vida pessoal, poderão desempenhar seu papel com mais vigor e vitalidade. Os heróis ganharão coragem e suas grandes façanhas nos farão aplaudi-los ainda mais forte, os sedutores continuarão a nos encantar e os homossexuais a nos obrigar a nos questionar; é verdade que os bêbados beberão sem dúvida um pouco menos e que haverá menos suicídios, mas a festa será mais alegre. Cada um usará sua máscara, mas nenhum será escravo dela; teremos, enfim, atores de verdade!

3

O medo da intimidade

A intimidade sexual

Mencionei no primeiro capítulo o medo do corpo da mulher que a ausência do pai provoca. Quando um homem não teve a chance de se separar da mãe, sua profunda ambivalência diante de seus parceiros é expressa pelo medo da intimidade. Adrien, Gaëtan, Sébastien e todos os outros têm medo de se entregar a uma relação íntima e profunda. Eles não conseguem manter uma relação consigo mesmos quando se relacionam com o outro, com a mulher. Do palco de teatro até a cama, seus personagens não lhes saem da pele.

A intimidade

Como falar de intimidade de uma maneira que não faça de nós intimados, como quem é chamado ao tribunal para ser julgado, ou intimidados, por medo da força ou da autoridade? Como falar do assunto de uma maneira que nos torne mais íntimos de nós mesmos?

O dicionário *Le Petit Robert* fala do "caráter íntimo e profundo" da intimidade, do que, nela, "é interior e secreto", mas ele a descreve igualmente como um "prazer, conforto de um lugar onde se sente realmente como em casa"; fala-se também das "relações estreitas e familiares" e da "vida íntima, privada". A palavra intimidade vem do adjetivo "íntimo", que deriva da palavra latina *intimus,* que, por sua vez, é o superlativo de *interior.* O íntimo significa então o que há de mais interior, e sua definição literal é a seguinte: "o que está contido no mais profundo de um indivíduo, ou relacionado estreitamente àquilo que há de mais profundo".* O termo reúne assim as noções de prazer, de conforto, de aconchego, de vida privada e de relações estreitas. Seus antônimos são o exterior, o superficial, o frio e o público.

Além das palavras intimar, intimidar e intestino, que estão próximas do adjetivo "íntimo" ou do substantivo "intimidade" no dicionário, encontramos o adjetivo "intolerável". E eis que, pela graça das palavras, começando por intestino e passando por íntimo, intimar, intimidar e intimidade para acabar com intolerável, todo um campo psicológico cheio de ressonâncias e de alusões se desenha.

A intimidade, que desejamos ou que tememos, intimida-nos; ela provoca às vezes em nós reações que vêm das profundezas do intestino: cólicas, constipação, diarreias emotivas; o intestino nos leva a nosso interior quando perdemos a familiaridade com o que somos. Paradoxo das profundezas, paradoxo da intimidade, cuja ausência nos intima a nos questionar, mas cuja presença pode se tornar intolerável.

O medo das carícias

Bertrand é um industrial de 55 anos; é um homem simpático, culto e avançado em certos aspectos de sua personalidade. Ele teve um pai alcoólatra e rico que levava uma vida noturna. Esse pai se esforçou para arruinar todo espírito de iniciativa do filho, o que fez com que Bertrand adquirisse um complexo paterno negativo, que o levou a perder a confiança em si mesmo e a desconfiar de seus colegas de trabalho. Ele é fascinado por esse pai que o rejeitou e, toda vez que ele toma uma taça de vinho, vê diante de si a imagem de um homem bêbado que vomita no piso de um restaurante. Ele é atraído por esse modelo de homem, mesmo que ele próprio não queira se afundar no alcoolismo. A influência nefasta do pai interior continua a se manifestar.

---

* ROBERT, Paul. *Le Petit Robert 1: dictionnaire alphabétique et analogique de la langue française.* Paris: Société du Nouveau Littré, 1978, p. 1025.

A relação com a mãe também não foi das melhores. Ela era uma mulher autoritária e fria, temida pelos empregados da empresa familiar. Ela soube, porém, transmitir valores morais ao filho. Mas este se encontra interiormente prisioneiro do mesmo conflito que abalava a vida familiar. Ele não sabe se deve obedecer a seu pai ou a sua mãe. Quando está possuído pelo complexo materno, ele se sente frio, rígido e sofre as reprimendas de seu pai interior; já quando bebe um pouco de vinho ou faz amor, sente-se culpado por se deixar levar.

Bertrand é divorciado há mais de dez anos. Vive sozinho no interior, em uma casa enorme. Ele tem medo das mulheres. Uma noite, após ter feito amor, ele sonhou com sua mãe que, dotada de asas, sobrevoava em cima de sua cama. No dia seguinte, como na maioria dos dias seguintes aliás, ele se sentia tão culpado que ideias suicidas lhe ocorriam durante várias horas.

Esse episódio me fez lembrar do mito grego de Cibele e Átis.[*] A deusa Cibele é ao mesmo tempo mãe, esposa e amante do belo Átis. Quando ela descobre que ele a trai com uma jovem ninfa, fica furiosa e o deixa louco, a ponto de Átis, tomado pelo delírio, castrar-se. A mãe de Bertrand adquire a forma arcaica de uma Cibele maldosa que envenena as relações que ele tem com o outro sexo. Não admira que, nessas condições, ele tenha dificuldades de ereção, que se encontre, por assim dizer, castrado. Sua masculinidade e sua capacidade de penetração são impedidas por uma separação da mãe que nunca aconteceu, ainda que esta tenha morrido há muito tempo (vale a pena destacar que em Quebec um homem a cada três teria problemas de ereção![**]).

Toda vez que uma mãe se torna tão imponente na fantasmagoria de um homem, é um indício de que chegou a hora de cortar o cordão umbilical. Jung fala do papel positivo das imagens de bruxas, que ele vê como sendo compensações do inconsciente que indicam ao ego que a vida simbiótica já durou o bastante. Se essa informação psíquica puder ser usada como tal e possibilitar a conscientização necessária... muito melhor! Mas na maioria

---

[*] LIBRAIRE LAROUSSE. *New Larousse encyclopedia of mythology.* Hawlyn, N.Y., 1959, p. 150.

[**] CBC, Radio-Canada. *Au jour le jour,* entrevista com F. de Carufel, sexólogo, 7 de março de 1988.

das vezes, tal compensação tem apenas o efeito de distanciar o homem do mundo feminino; o trabalho interior não é realizado e a mãe-bruxa, a "Cibele sombria e alada", será projetada na mulher exterior, em particular em seu sexo, que se tornará o antro de todos os demônios. É, aliás, por isso que as bruxas são frequentemente associadas a uma nudez repugnante, como em *A tragédia de Macbeth* de Polanski ou em certos filmes de Fellini.

É preciso se dar conta de que essas imagens influenciam nossa realidade. Elas condicionam nossas atitudes, inibem nossos desejos e nos fazem evitar toda confrontação com o sexo oposto, toda relação real ou profunda. Assim, quando os sentimentos negativos surgem na relação que ele tem com uma mulher, Bertrand, em vez de expressá-los, compra flores para sua parceira, convida-a para ir a um restaurante ou leva-a para passar um fim de semana em um hotel requintado. Quanto mais ele se sente agressivo em relação a ela, mais o nega por meio de seus comportamentos exteriores. O valor de seus presentes parece diretamente proporcional à amplitude de sua emoção negativa. Como se surpreender se com o tempo sua companheira não satisfizer mais suas necessidades, já que ele mesmo as renega?

Ele tem medo de ser devorado e vive aterrorizado. Todas as mulheres se tornaram bruxas más a seu ver. Ele é completamente sabotado por essa agressividade reprimida que o paralisa e o impede de ter ereção. Na realidade, os homens têm mais facilidade de admitir um problema de impotência sexual que de admitir as raivas e as vulnerabilidades que estão por trás dessa impotência. O problema se torna sexual, "unicamente" sexual. De todo modo, podemos facilmente imaginar que fazer amor com a grande deusa-mãe que tem o poder de dar ou tirar a vida é uma proeza que nenhum homem saberia realizar. O medo de ser devorado por inteiro não constitui um clima ideal para o ato amoroso.

O primeiro sonho que Bertrand teve durante sua terapia foi o seguinte: *Ele estava em uma ilha e se escondia em um buraco, pois tinha medo dos habitantes do outro lado da ilha, homens primitivos e perigosos que matavam todos que encontravam.* Essa imagem tem a vantagem de nos apresentar outra verdade a respeito de seu estado psíquico. Nota-se, de fato, que, nesse sonho, não são as bruxas más que habitam o lado oposto da ilha: são homens! Seria então de sua própria violência que ele tem receio, a mesma de que ele teria necessidade para cortar o elo original que mantém seu ego prisioneiro do complexo materno?

O medo do sexo do outro já cria um problema, mas outro temor aparece atrás da impotência e da agressividade mascarada de Bertrand: o medo das carícias. As carícias e a ternura de uma mulher causam nele um efeito devastador: dão-lhe uma sensação de queimadura; as carícias e a ternura de uma mulher o queimam. Fazem-lhe mal, pois elas despertam nele feridas antigas, bem enterradas, feridas ligadas a desejos ardentes de afeto que foram negligenciados; desejos que ele prefere manter adormecidos em vez de arriscar, mais uma vez, enfrentar a ausência e a rejeição. A intimidade o fere, pois, com ela, perde todo o controle, fica dividido entre seu desejo de fugir e a vontade de se alimentar de afeto. Ele teme voltar a ser criança, à mercê do dragão devorador.

O homem de que lhes falo conseguiu finalmente superar suas angústias obsessivas e começar uma relação com uma parceira adequada. Uso a palavra "adequada", pois uma de suas estratégias consistia em relacionar-se com mulheres que não representavam em nada o que ele desejava. Ele mantinha assim sua angústia a um nível tolerável. Com essa nova companheira, despertaram os fortes desejos de união que ele tinha conseguido dominar ao levar uma vida austera e solitária. Não despertou apenas sua necessidade pelo outro, mas surgiu também uma possessividade que o surpreendeu. Ele fica louco de ciúme só de pensar que outra pessoa poderia aproximar-se de sua escolhida. Essa nova obsessão revela toda sua insegurança interior. Claro, ele reprova sua atitude, tenta dominar suas angústias, mas é algo mais forte que ele, que não pode fazer nada contra esse sentimento.

Quando um indivíduo não pode "ter" suficientemente seus pais, é em geral este o destino que o espera: a intimidade o fere. A intimidade é o que ele deseja, o que ele clama com todas as suas forças, mas também é o que ele mais teme. Poderíamos dizer que Bertrand tem medo do frio, mas que ele não quer entrar em uma casa quente. Por meio de seu exemplo, podemos compreender melhor a necessidade de distância que têm os homens que não tiveram uma relação adequada com os pais. A frieza ou a rigidez pode lhes servir de refúgio, mas, na maior parte do tempo, os prantos e as angústias existenciais se camuflam atrás dessas atitudes desapegadas ou desdenhosas de homens que parecem estar acima de tudo e de todos.

Falta de mulheres

Em seu filme *O Casanova,* Fellini pinta um afresco vivo dos fantasmas mais arcaicos do sexo masculino. Como muitos homens atuais, Casanova pode fazer amor com várias mulheres sem tocá-las de maneira emotiva ou sem ser tocado por elas. Ele não pode ter sentimentos pelo outro, pois a emoção *liga* ao outro. Ele viveria tal ligação como um sentença de morte. A partir do momento em que se permite amar, Casanova morre, por assim dizer. Ele se protege então de todo sentimento amoroso e só se permite ter aventuras amorosas efêmeras.[*]

Casanova precisa constantemente de um espelho de sua virilidade para sentir-se homem. Por conseguinte, ele tem medo de ficar em falta de mulheres. "Falta de mulheres", como a linguagem é eloquente! Quando um homem crê que lhe faltam mulheres, isso não quer dizer que ele tem necessidade de assegurar-se em relação a sua identidade sexual?

Tenho tendência a crer nesse fato. Vejam o exemplo de Alain, um homem no início dos 30 anos. Não se trata de um Don Juan, mas seu caso esclarece a dinâmica em torno da necessidade de um espelho feminino.

Alain passou por um período bem difícil após a morte do pai de sua companheira, porque, por vários meses, ela perdeu completamente a vontade de fazer amor. Ele começou então a ter fantasias homossexuais frequentes, das quais se envergonhava; ele não se sentia mais "homem". Suas fantasias se concentravam na figura de um fisioterapeuta, um homem de idade madura, de peito peludo e estatura imponente. Durante o mesmo período, Alain estava tratando seu braço ferido com esse homem. O fato de um "pai" cuidar dele e ser capaz de demonstrar delicadeza o perturbava muito. Seu próprio pai, deficiente e alcoólatra, instituíra

---

[*] Alguns críticos contestam, no entanto, a interpretação que Fellini fez das confissões de Casanova e dizem que ele o confundiu com Don Juan. Parece, na realidade, que Casanova manteve longas relações epistolares com suas amantes e foi ligado a elas por meio de sentimentos profundos. Esses fatos contrastam com o cinismo desapegado de Don Juan.

uma disciplina militar em casa e batia regularmente nos filhos. Em reação a esse tratamento, Alain havia se identificado com a mãe devota e silenciosa, que se submetia por dever a seu marido. Ele tinha incorporado os aspectos masoquistas da mãe e sonhava em ser pego duramente pelo pai para lhe dar o que sua mãe não lhe havia dado. Também, durante o período em que ele não pôde achar o reflexo de sua virilidade em sua parceira fazendo amor com ela, Alain desenvolveu fantasias homossexuais e adotou o seguinte comportamento: ele se vestia de mulher e se masturbava diante de um espelho.

O pai abusivo tinha introduzido nele uma dúvida quanto a sua identidade sexual. Sua fantasia homossexual e seu comportamento de feminização expressavam simbolicamente seu desejo de seduzir o pai e de incorporar sua força. Em certas tribos, uma relação homossexual com um homem mais velho é parte integrante do ritual de iniciação dos adolescentes. Em outras, é o esperma do pai que deve ser bebido para conquistar o potencial de virilidade. Por sua vez, os gregos haviam elevado a pederastia ao nível de instituição. Na maioria dos homens, e especialmente naqueles que tiveram um pai ausente, as fantasias homossexuais ocorrem, ao menos no estado latente; é a necessidade de reconhecimento por parte de um pai que se contamina com as necessidades sexuais.

A falta de confirmação de seu *status* masculino por um pai cria então nos homens uma insegurança relativa à sua identidade sexual. Isso os leva a buscar constantemente nos olhos das mulheres um espelho de sua virilidade. Mas, quando um homem diz que lhe faltam mulheres, ele poderia também dizer que lhe faltam homens!

As mulheres de papel

Mas voltemos ao desejo, à pequena história do desejo. Em nossa infância, quando a sexualidade era o primeiro dos pecados, reinavam a repressão e a negação do desejo. Por força das circunstâncias, a sexualidade se tornou sombria, uma sombra que foi refugiar-se na pornografia e nos *sex shops*.

É na pornografia que o homem vai buscar o espelho ausente de sua virilidade. As mulheres da revista que ele folheia o interpelam, comentam sobre seu grande pênis, desejam-no. Elas lhe proporcionam uma imagem de si mesmo poderosa e fortalecida. Os homens se refugiam, com suas mulheres de papel, em rituais de masturbação que são de fato rituais de reequilíbrio narcisista, rituais de reequilíbrio do amor e da imagem de si. Aliás, a masturbação compulsiva está frequentemente ligada ao sentimento de privação de afeto.

A fantasia de uma prostituta maternal que pode entender e aceitar tudo, que se curva às menores necessidades e a todos os caprichos do homem, está por trás desses comportamentos. Quem não sonha em se abandonar nos braços de uma doce e bonita gueixa que o fará subir ao sétimo céu? A pornografia e a prostituição são mundos dominados por fantasias tão potentes que o fascínio que exercem consegue nos fazer esquecer sua realidade social, em geral trágica e sórdida.

As mulheres geralmente rejeitam a pornografia; elas ficam ofendidas, com razão, justamente pela exploração da mulher refletida nisso. Mas o consumidor de pornô não é apenas, ao menos no plano imaginário, um explorador do corpo feminino. "O homem com falta de mulher" identifica-se tanto com a mulher como com o homem, ele penetra e é penetrado. Assim, ele também satisfaz suas fantasias homossexuais. E vive relações simbióticas, sentimentos de união com o outro, que fazem parte de toda relação amorosa; sentimentos que ele não ousa ou que não pode se permitir ter em uma relação de verdade.

Gosto de uma brincadeira do falecido Pierre Bourgault que ouvi por acaso no rádio: "A pornografia é o erotismo com a luz acesa!"[*] É bem disso que se trata, de uma sexualidade masculina crua, direta, que o homem tem receio de revelar para a mulher, pois ele acredita que o envergonhará. Os homens devem provar uma grande maturidade para conseguir assumir sua necessidade de "rudeza viril" nas relações sexuais; na maioria das vezes, eles perdem sua espontaneidade animal ao tirar a calça e recorrem às proezas técnicas. Porém, essa espontaneidade é a própria base do Eros que a mulher busca no homem. A troca real nasce quando um homem se per-

---

[*] Programa de rádio *Plaisir*, que era apresentado por Pierre Bourgault e Marie-France Bazzo, CBF 690, todos os sábados à tarde.

mite audácias, quando ele se permite "gostar disso". Infelizmente, os homens só se permitem gostar realmente disso quando estão sozinhos diante de uma revista ou um filme pornô. A adoração pela mulher que eles manifestam nesses momentos faria grande parte de suas parceiras sonhar.

Tomar a mulher a distância, às escondidas, por voyeurismo, é o ato mais condizente com o medo da intimidade. Porém, é realmente condenando a pornografia que ajudaremos os homens e as mulheres a entender do que são feitas suas relações sexuais? Duvido profundamente. Essas condenações só reforçam a culpa que já habita nos homens; elas os distanciam ainda mais da mulher real que, afinal, eles só podem observar pelo buraquinho de um *peep-show*. Quando olhamos a situação friamente, é para morrer de rir ou de tristeza. No entanto, é apenas penetrando no coração da realidade pornográfica, explorando a fundo as realidades imaginárias que a sustentam, que poderemos conseguir entender e, talvez, mudar algo.

Tal como são para muitas mulheres os romances Harlequin,[*] a pornografia é, para os homens, um distanciamento em relação à realidade do outro sexo; ela se mostra como uma cultura da fantasia, que pode, sem dúvida, ter seu lugar se não destronar a realidade. Os homens sonham com gueixas e as mulheres com cavaleiros andantes. Durante esse tempo, nossas histórias de amor se tornam verdadeiros campos de batalha onde travamos insidiosas lutas de poder. É isso que nos faz não ceder às fantasias do outro. É o impasse. A pornografia prolifera, a raiva das mulheres aumenta, a impotência dos homens reina.

Bonecas infláveis, mulheres descartáveis e substituíveis

Um amigo me revelou um dia que estava perdidamente apaixonado por uma mulher que fumava e bebia demais. Ele adorava sua relação erótica com ela, que o fazia se sentir livre, mas a perspectiva de uma relação mais séria lhe impunha uma necessidade obsessiva de "consertar" sua parceira, as olheiras sob seus olhos, suas unhas roídas. Ela "precisava" parar

---

[*] Harlequin é uma editora canadense especializada em entretenimento para mulheres; publica romances populares, de forte apelo sentimental.

de se envenenar com café, álcool e cigarros. Os vícios dela faziam mal a ele!

Somos todos prisioneiros do mito da boneca inflável. A boneca sexual que podemos inflar, usar, furar, consertar, guardar ou substituir à vontade, é a apoteose de uma civilização do "descartável". Não aceitamos que nossos amantes carreguem as marcas de sua vida ou de suas criações. Queremos que o espelho seja sempre virgem, ideal; sem dúvida para conseguir esconder as marcas que nós mesmos carregamos. Nós as queremos perfeitas e irreparáveis, mas parece-nos totalmente natural que elas aceitem nossa obesidade, nossas marcas de acne, nossas roupas relaxadas, nossas barbas por fazer, nossos odores, nossas carecas etc.

Deste modo, não eliminamos somente a mulher, eliminamos a vida, com suas marcas e cicatrizes. Bravos filhos eternos, eliminamos a ideia da morte física. Conseguimos também, por sinal, fechar os olhos diante dos sinais de devastação que acabamos de descobrir, com espanto, no plano ambiental: a acidificação dos lagos e os estragos da poluição. Cada indivíduo carrega os traços de sua evolução física, afetiva e espiritual. Tudo o que existe carrega as marcas de sua história. Viver fora dessa realidade leva direto à autodestruição. Na cama, descobrimos de repente as marcas de nossos parceiros. E essa descoberta parece tão intolerável que logo nos colocamos em busca de parceiros mais jovens, alguém "menos marcado pela vida".

Mas meu amigo vivenciaria fusões amorosas tão ricas se sua parceira não tivesse problemas de dependência? Claro, não é tão simples, e o corpo tem razões que a razão desconhece. É, todavia, verdade que subtraímos sem parar algo da realidade do outro para nos queixar em seguida de que nos falta algo. Sim, falta algo. Falta nossa presença no mundo, na realidade física do mundo, em sua rica e complexa beleza.

O culto a Vênus

"Como canalizar minha sexualidade?", perguntava-me André naquele fim de tarde. Ele estava esgotado. Eu também estava cansado, era a última sessão de uma longa semana, mas a luz que banhava a sala era quente e confortável; era uma

daquelas tardes de inverno em que o sol se põe cedo e nos sentimos felizes por estar do lado de dentro. A relação amigável que tenho com André é também confortável. Nós nos conhecemos há vários anos; ele terminou sua terapia, mas nos encontramos ainda uma vez por mês, para acompanhar o rumo de sua vida. Sua questão me pegou de surpresa, mas ela me agradou, ainda que pelo simples fato de ser diferente do que estou acostumado.

Ele achava que se masturbava demais quando não estava com sua amante, mas até sua relação com ela lhe parecia insuficiente: ele só a desejava pela troca erótica. Ele se sentia tão culpado, que falava de um modo depreciativo de sua atividade sexual, como se fosse uma simples "necessidade de se esvaziar".

Eu o fiz refletir sobre sua maneira de expressar-se. Onde estava o prazer em tudo aquilo? Ele não sentia um certo prazer ao "se esvaziar"? Não havia naquele ato algo que ultrapassava a descarga fisiológica de tensão? "Certamente!", ele me respondeu, havia seus próprios fantasmas e havia a doçura de sua parceira, seu afeto. Então por que ele falava disso de uma maneira tão desdenhosa, por que se sentia tão culpado?

Eu lhe contei a história de Vênus-Afrodite, deusa do amor e da beleza, que os gregos e os romanos tinham elevado ao nível de divindade. Suas palavras não revelariam o fato de que ele não pagava o devido tributo a Vênus, que ele a degradava? Ele não tratava essa força vital como uma deusa menor, que ele prostituía nos confins de sua psique? Uma revalorização de Vênus o levaria talvez a deixar de lado sua culpa e a afirmar para sua amante o quanto ele apreciava as horas de ternura e de prazer erótico passadas em sua companhia. Sua franqueza corria o risco de lhe trazer a desaprovação de sua parceira, mas, ao menos, ela lhe permitiria pôr um fim nessa divisão interna.

Por que algumas relações não poderiam ser simples cultos a Afrodite?[*] Por que as relações dominadas pelo erotismo deveriam sempre ser vividas no silêncio ou na culpa? Não podemos assumir nosso desejo e nossa sexua-

---

[*] O livro de Benoîte Groulx, *Les vaisseaux du coeur,* conta justamente sobre tal paixão erótica entre um homem e uma mulher de classes diferentes, que se relacionam há mais de quarenta anos.

lidade? Por que há ainda um desconforto tão grande em relação a essa força? Por que temos tanta dificuldade em reconhecê-la como uma divindade, como uma força psíquica plena? O ato sexual não supera sempre a simples "necessidade de se esvaziar"?

Freud afirma que a sexualidade em sentido amplo, o Eros, é a força que nos religa ao mundo, que nos obriga a sair de nós mesmos. Então por que não celebrá-la e cercá-la de poesia? Nossa civilização é tão pobre assim a ponto de nosso culto a Vênus ter necessariamente de resumir-se à pornografia? Existem, entretanto, sociedades em que a sexualidade conseguiu ser aceita em sua nobreza. O Kama Sutra cultiva a arte das posições eróticas como ponte para a união com Deus. Os templos indianos exibem explicitamente os atos amorosos dos deuses e das deusas. As imagens eróticas japonesas testemunham o alto valor atribuído ao ato sexual naquele país. Até o "Canto de Salomão", na Bíblia, celebra em termos pouco equívocos os atos amorosos humanos.

Quando recusamos construir um templo a Vênus, continuamos prisioneiros do aspecto literal da sexualidade. O sexo torna-se "chulo" e não permite mais a exaltação da alma ao contato da beleza. Maomé não afirmava que o melhor momento para rezar era aquele após o amor? Nesse momento, dizia ele, o coração se encontra totalmente aberto à divindade.

Os gregos acreditavam, por sua vez, que se alguém sofresse de uma obsessão sexual, não era o deus Apolo que deveria procurar para ajudá-lo a se disciplinar, mas sim a própria deusa da sexualidade. As doenças surgiam porque um indivíduo faltava com o respeito a uma divindade. Vista sob esse ângulo, uma obsessão sexual seria em decorrência do fato de que uma pessoa não dava valor suficiente a essa força natural, e não ao fato de que ela lhe dava valor demais. Quando reprimidas, as potências desprezadas se enraízam e, da profundeza do inconsciente, exercem uma fascinação irresistível sobre a consciência. O caminho da cura passa pela aceitação profunda do ser sexual e não por sua repressão ou por uma ilusória tentativa de controle.

Em vez de diminuir a importância da sexualidade, é preciso ampliá-la para compreendê-la. Recusar Afrodite significa amputar-se de toda nossa capacidade de relação com o mundo e com sua maravilhosa beleza. Por outro lado, aclamá-la permite uma erotização de toda nossa relação com o universo, uma abertura dos sentidos e da sensualidade, não na perspectiva de um autoerotismo, mas sim de uma reanimação que desperta a vontade de se relacionar com alguém.

Uma sociedade que não tem o culto ao sexo e à beleza, uma sociedade que não reconhece os aspectos divinos desses dois elementos, não estaria condenada ao flagelo da pornografia? Não se encontraria aí a vingança surda da deusa ofendida que nos pede mais intimidade?

Afrodite contesta uma sociedade ainda questionada pela intimidade sexual; uma sociedade que não está pronta para considerar a sexualidade como um elemento pleno, sem dúvida por causa da liberdade que isso supõe. A sexualidade autêntica, intimista, permanece desconhecida de toda estrutura organizada, da igreja ao casal.

"Se o sexo tem um papel tão importante em nossas vidas, é talvez porque seja a única experiência profunda e direta (*first-hand*) que temos. Nos planos intelectual e afetivo, nós nos conformamos, imitamos, seguimos, obedecemos. A dor existe em todas as nossas relações, exceto no ato sexual. É por isso que esse ato é tão diferente e tão bonito que nos faz ficar dependentes dele, tornando-se também uma escravidão."*

O incesto emotivo entre mãe e filho

Em uma conferência, o psicanalista Julien Bigras mencionava que um estudo muito rigoroso, realizado com mais de 100 famílias nos Estados Unidos, demonstrava que não há caso de incesto naquelas em que existe uma grande proximidade corporal e física entre pais e filhos quando esses últimos são ainda bem pequenos. O fato de um pai tomar banho com sua filhinha ou seu garotinho de 3 ou 4 anos é cada vez mais aceito, e é considerado a melhor opção. Nesse tipo de comportamento está uma boa prevenção do incesto, porque, com o contato físico, a necessidade de afeto e curiosidade se sacia.

---

* KRISHNAMURTI, J. *The second krishnamurti reader.* Publicado sob a direção de Mary Lutyens, Nova York: Penguin Books, 1973, p. 239. (Tradução do inglês do autor.)

Se esse contato não acontece, as necessidades insaciadas são direcionadas totalmente para o lado da sexualidade. O ato sexual fica muito "carregado" e todos os toques tornam-se equívocos. É um círculo vicioso: quanto mais precisamos de afeto, mais temos desejo sexual, porque é o único caminho para o afeto que conhecemos. Liberamos a sexualidade; resta-nos liberar o toque, o gesto, os sinais de afeto físico entre mulheres, entre homens, entre homens e mulheres, entre pais e filhos. Temos de criar um mundo menos dividido sexualmente, em que a volúpia e a ternura, assim como o prazer partilhado do desejo recíproco, possam se manifestar.

Eu estava mergulhado nesses pensamentos quando um amigo me contou o sonho a seguir. Ele destaca um fenômeno que se encontra oculto pela nossa denúncia ativa do incesto pai-filha: o incesto emotivo entre mãe e filho. Meu amigo deu a seu sonho o título de *O mundo negro*.

"Eu me encontro acima do quintal da casa de minha infância. Acordo em um mundo totalmente macio, como em um palco de teatro forrado com colchonetes de ginástica. Tudo é negro e sem asperezas; reina uma iluminação homogênea, do tipo meia-luz. Tudo é muito confortável, muito macio. Em pleno centro desse palco, deitada no chão, há uma mulher. Ela está vestida de branco e sua blusa desabotoada deixa seus seios fartos à mostra. Ela quer fazer amor. Eu avanço e recosto sobre ela, mas sinto uma presença atrás de mim. Eu me viro. Minha mãe apoia-se no batente de uma porta, vestida de branco. Ela usa um vestido de lã bem justo, aberto dos lados, um vestido de prostituta. Minha mãe, com formas generosas e seios grandes, está reluzente. Ela me fala em um tom apaixonado. Ela está contente por me ver, eu, seu filho, e ela me dirige um hino de amor: 'Meu filho! Como estou contente por vê-lo! Como eu o desejo, como desejo seu sexo, suas nádegas, seu pênis! Como eu o desejo, meu filho!' Ela me convida a fazer amor. Eu a olho, emoldurada pela porta, e sinto medo. Estou profundamente perturbado pelo desejo intenso que ela demonstra em relação a mim e entendo, nesse momento, que o que sempre me deu medo nas mulheres é exatamente essa força simbolizada pela potência do desejo de minha mãe por mim. Então eu acordo."

Esse sonho foi para o homem que o teve uma libertação, um evento marcante. É todo o aspecto inconsciente da relação com sua mãe que fica em evidência, todo o ciúme, todo o desejo que ela tinha pelo filho e que ele havia sempre pressentido. Como isso lhe teria feito bem na adolescência; saber que não era o único a carregar o desejo, que as mulheres também tinham desejos. Quanta timidez e culpa em suas relações posteriores com as mulheres isso lhe teria evitado. Quanto mais esse aspecto carnal for silenciado no contexto familiar, mais ele provocará em seus filhos temores e curiosidades que ultrapassam os limites. É o desejo não confessado, inconsciente, que se torna terrível e devorador.

Porém, se o corpo tem de existir no seio da família, é evidente que os pais devem conter seus próprios desejos. Na puberdade do garoto ou da garota, os pais devem respeitar a barreira do incesto e impedir qualquer gesto equívoco. Caso contrário, obrigam o próprio filho a levantar essa barreira. Este constrói então uma carapaça bem forte para se proteger, mas essa carapaça o isola e o impede de sentir seus próprios desejos. Ele se sente culpado por tê-los e sufoca-os, por medo de provocar o pai ou a mãe e de perder assim sua integridade.

Volto ao filme *O Casanova*, de Fellini. Vemos ali homens que devem fazer amor com uma mulher enorme que tem fogo dentro da vagina. Esse fogo representa o desejo desperto da mulher. Em última análise, é desse fogo que os homens têm mais medo.

> *Usarei como exemplo o caso de Aline, que teve de sofrer por um mês as queixas de seu companheiro quanto a sua falta de apetite sexual. Ela ficou, porém, muito surpresa ao vê-lo fugir para o sofá da sala, sob o pretexto de estresse de trabalho, quando ela quis fazer amor duas noites seguidas! Quando é ela que deseja, ele tem medo, prefere podar a grama ou cuidar da casa.*

Para os homens, o corpo da mulher é fascinante, sempre foi e sempre será. A razão disso é simples: saímos de lá. Viemos desse sexo. Todos os medos de que falo, todos esses desvios e essas desculpas para manter a mulher a distância são no fundo compreensíveis... Aquela que nos deu a vida, não pode tirá-la?

O casal íntimo

Nunca houve intimidade entre os sexos

Jan Bauer, analista junguiana, crê que devemos abordar essa questão sob outro ângulo, pois, se pensarmos bem, diz ela, nunca houve intimidade real entre os sexos antes. Óbvio! A intimidade é, de fato, uma nova demanda que dirigimos ao casal, uma exigência moderna. Até o século passado, os casamentos eram frequentemente arranjados pelas famílias, e até nossos pais, ainda que tenham se casado por amor, permaneciam juntos, muitas vezes, por dever. Eles assumiam suas funções e seu papel, geralmente em detrimento de sua felicidade pessoal. Por outro lado, a divisão estrita dos sexos em relação ao esporte, à educação e à religião sempre existiu. A intimidade não é um medo moderno, mas um novo desafio, uma nova tarefa. Aliás, nos grandes mitos românticos, tais como Romeu e Julieta ou Tristão e Isolda, os heróis morrem jovens! Trata-se, sem dúvida, de uma dica da Idade Média sobre as chances de sobrevivência da intimidade amorosa...

Além disso, até entre pessoas do mesmo sexo, a intimidade não é uma moeda corrente. Entre as mulheres, mais dedicadas à interioridade, há talvez uma partilha maior. Mas os homens, quando estão juntos, não falam de si mesmos. Eles "fazem" coisas juntos, ou falam do que conseguiram fazer. Eles quase nunca expressam o que sentem. Mesmo nas grandes amizades existem tabus. Em geral, não se deve sofrer demais com a própria sorte.

No fundo, não existe intimidade entre os sexos, nem mesmo entre as pessoas de um mesmo sexo, pois a maior parte dos seres não tem intimidade consigo mesmo, ou seja, não tem uma "relação viva" com o que se passa em seu interior.

A língua do amor

No que se refere à intimidade entre os sexos, Annie Leclerc nos lembra muito bem: "A língua de Eros não cria inimizade dos sexos, mas sim sua diferença."* A autora nos mostra que a diferença sexual toma seu sentido fora da divisão contingente dos poderes entre homens e mulheres, ela toma seu sentido na língua do amor: "A todo homem, Eros dita seu destino de homem: você deverá conquistar o amor de uma mulher. A toda mulher, Eros dita seu destino de mulher: você deverá alimentar o amor em seu seio e mantê-lo. Não são nem eles nem elas que inventaram isso. Foi Eros, é a religião em comum deles."**

Annie Leclerc interpreta a necessidade de edificação e de domínio do homem não como uma tentativa de exploração da mulher, mas sim como um esforço cuja meta maior é ser amado por ela. Ela não valoriza a imagem feminina militando por novos poderes, ainda que veja a necessidade, mas restituindo-lhe aquele que ela detém desde sempre, seu poder sobre o amor.

Suas palavras são animadoras, e eu adicionaria as seguintes reflexões: se permanecemos na língua do poder, não é verdade que a diferença entre os sexos se torna intolerável, porque ela fundamenta as injustiças que foram feitas às mulheres? E não é verdade que, nós, homens, acabamos por pensar que o poder era nossa maior meta nessa história humana, ainda que ela tenha começado na complementaridade? Desprezamos Eros, desprezamos a intimidade amorosa e nossa própria necessidade dela, esquecendo que nossos esforços perdem o sentido quando não é para a mulher que se dirigem nossas intenções.

Sob esse ângulo, o acesso das mulheres à contracepção marca uma etapa fundamental e irreversível em nossa história. Ela revela o abuso masculino e nos livra disso, para o bem de todos. Pela primeira vez, ela permite à humanidade explorar o que ela é além das imposições tradicionais da separação dos sexos. A mulher pode agora mostrar ao homem que ele não tem o monopólio sobre o mundo exterior. E, nesse momento, cabe a ele provar que não está desmunido quando está no terreno tradicional dela, que é capaz de demonstrar sentimentos e de domesticidade, que é capaz de ter interioridade.

---

* Leclerc, Annie. *Hommes et femmes*. Col. Le Livre de Poche, n⁰ 6150, Paris: Grasset, 1985, p. 69.
** *Ibid.*, p. 39.

Porém, confundir esse reequilíbrio da partilha dos poderes com um futuro unissexual para a humanidade me parece algo ignorante: ainda que de uma importância capital, a androginia não saberia representar outra coisa além de um objetivo simbólico. A língua do amor dá plenitude à vida, e ela começa e torna-se possível por meio da diferença sexual. Essa diferença não significa a "desigualdade", ela funda de fato nossa busca por partilha. Pois "há apenas uma língua de Eros e é melhor assim, porque todos a entendem. Amor é para todos o bem supremo, e ele só é possível soberanamente na reciprocidade".*

O exemplo a seguir ilustra bem o tormento que pode causar, em um casal moderno, uma concepção da diferença entre homens e mulheres que significa automaticamente a exploração de um sexo pelo outro.

Eva vem a meu consultório após vários meses de ausência. Desde nosso último encontro, ela conseguiu deixar a relação que a afligia para se estabelecer com um homem dez anos mais velho, um homem que a ama e a quem ela ama. Ela vem me consultar pois, grávida de dois meses, não sabe se terá a criança. Seu argumento é o seguinte: essa gravidez significa que deverá parar de trabalhar por um certo tempo. Mas o trabalho é muito importante para ela ganhar seu próprio dinheiro, para que, diz ela, seu companheiro não ganhe "poder" na relação. Ela tem medo de ficar dependente dele; com essa ideia em mente, sente-se prestes a cair num verdadeiro abismo.

A história se complicou no momento em que ela contou a seu parceiro que ele ia ser pai. A novidade o encheu de alegria; ele ficou contente e orgulhoso e, apesar de suas dúvidas anteriores, aceitou casar-se. Ele propôs a Eva parar de trabalhar; ele cuidaria sozinho de ganhar dinheiro pelos próximos dois anos.

Em vez de agradá-la, essa perspectiva a deixou mortificada. Em vez de ver nisso uma oferta benevolente, ela vê uma cilada na qual não quer cair. Ela viu sua própria mãe maltratada e abusada por um marido sempre ausente. Ele controlava todas as despesas da casa e fazia a mulher carregar, sozinha, a responsabilidade de educar os filhos. Eva não consegue se desvencilhar dessa visão do passa-

---

* *Ibid.*, p. 63."

do. Ela acredita que os homens são todos exploradores em potencial. Assim, na décima sexta semana de gravidez, ela acabou fazendo o aborto.

Eu me lembro de uma imagem marcante em um de seus sonhos: um boi era crucificado vivo na parede de um estábulo. Essa imagem representava sem dúvida, antecipadamente, o aborto, mas também simbolizava para Eva o sacrifício de sua própria natureza animal. É aí que se encontra o ponto fraco, quando fazemos a equação "diferença de papéis é igual a desigualdade dos sexos, igual a exploração das mulheres pelos homens". É preciso adicionar, porém, em defesa de Eva, que seus antecedentes familiares justificavam sua forte reação.

Quando olhamos tudo sob o ângulo do poder, nós nos ferimos. Não conseguimos mais entender um modelo tão profundo e natural como aquele que leva um homem a tornar-se protetor, caçador e provedor ao saber que vai ser pai. Foi, no entanto, esse reflexo arcaico que permitiu a sobrevivência de nossa espécie. É preciso, sem dúvida, questionar esse reflexo, mas como sobreviveremos se começarmos a recusar nossos entusiasmos instintivos? Nossa natureza animal, forjada por milênios de evolução, possui sua própria sabedoria, ela não consegue seguir a velocidade de nossos raciocínios. É ela que, dos primórdios dos séculos, exige, hoje, ser ouvida na língua de Eros.

Se Eva pudesse se dar conta de que ela não sacrificava sua vida profissional por seu marido, mas sim por sua relação, ela teria conseguido se desvencilhar da problemática do poder. Quando o casal encara conscientemente a existência de um terceiro parceiro que representa sua união, ele se livra das lutas internas. Tal atitude tem a vantagem de tornar os conflitos menos subjetivos e de permitir um espaço para acordos. A relação pode se transformar em um projeto comum que requer, como todo projeto, seus entusiasmos e seus sacrifícios. Então, os dois protagonistas não estão mais a serviço um do outro, mas a serviço de sua união.

Entregar-se

O problema fundamental da intimidade parece ser a dificuldade de entregar-se e confiar no outro. De fato, não apenas entregar-se ao outro, mas continuar em contato consigo, mesmo estando em relação com o outro.

Na intimidade sexual, os homens querem em geral dar prazer a suas parceiras ou receber isso. Eles querem agir. Mas para dar prazer ao outro e para recebê-lo, é preciso ter prazer consigo mesmo. Não se trata de ter, com o outro, prazer? De vivenciar o prazer juntos, de partilhá-lo? O prazer não é uma passagem que se atravessa a dois?

Para sair da impotência, seja ela sexual, física ou sentimental, é preciso correr o risco de relacionar-se com seu próprio desejo e com seu próprio prazer sob o olhar do outro. O jogo pode acontecer entre os parceiros quando há essa entrega. Então, a intimidade esperada, essa colaboração afetuosa de um com o outro, esse acompanhamento mútuo, pode nascer.

Nossas diferenças podem dar lugar às violências e aos abusos de poder mais insensatos. Mas elas também podem servir de alimento para o amor. Em última análise, o masculino e o feminino são apenas modos diferentes de aprender a realidade, uma "objetividade" da natureza à qual é bom se curvar. A atração e o desejo exigem que eu nunca seja de fato parecido com você, mulher, para que nós possamos, no amor, abolir nossas diferenças. Para que possamos nos perder e nos reconhecer um no outro, em nossa continuidade profunda; lá onde não há mais nem submisso nem submissa, lá onde, por curtos momentos, reinam a liberdade e a graça de ser si mesmo, juntos. Então, ficamos "ligados pelo que há de mais profundo", finalmente livres, sem saber mais onde um começa e onde o outro acaba. Assim nos tornamos, enfim, íntimos.

4

A agressividade reprimida

João de Ferro

Os filhos carentes, por falta de contato com sua força profunda, têm medo da intimidade. Essa força se enraíza na energia primitiva e na agressividade natural. A presença do pai tem justamente a função de permitir ao filho ter acesso a essa agressividade. Quando o pai é ausente, o filho não consegue ter contato com a impulsividade própria de seu sexo. Ele sofrerá as interdições da mãe, que não tolera muito bem suas manifestações de selvageria instintiva.

Na realidade, o amor materno frequentemente leva uma mãe a exigir que seu filho seja polido e reservado, que não eleve o tom de voz e que não bata a porta. É seu modo de preservá-lo. Paradoxalmente, o *animus* da mãe se empenha em quebrar a masculinidade do filho por meio de gestos e de argumentos em geral violentos. E se a espontaneidade física do filho nunca for permitida, ela se transformará aos poucos em hostilidade para com a mulher, impedindo assim a intimidade.

Uma fábula contemporânea

Existe uma fábula contada pelos irmãos Grimm que resume perfeitamente as questões sobre a agressividade que abordarei mais adiante. Ela se chama *João de Ferro*. A honra de tê-la interpretada no contexto da masculinidade contemporânea foi do poeta americano Robert Bly.[*] Eis um resumo do conto:

> *Os caçadores do rei desaparecem, um a um, quando se aventuram em uma parte muito distante da floresta. Os desaparecimentos permanecem misteriosos. Um dia, um jovem homem aparece na corte do rei em busca de emprego. Explicam-lhe o dilema. O jovem herói decide então partir sozinho, com seu cachorro, para descobrir a verdade sobre os desaparecimentos.*
>
> *No momento em que ele passa perto de uma lagoa, uma mão surge, agarra seu cachorro e o puxa para as profundezas. O caçador não pode conformar-se com tal perda: ele manda os criados do rei esvaziarem a lagoa com a ajuda de baldes. Bem no fundo, ele descobre um homem imenso, de aparência selvagem e primitiva. Seus cabelos vão até os pés. Por causa de sua cor de "ferrugem", apelidam-no de "João de Ferro".*
>
> *O rei recompensa o jovem caçador e manda pôr João de Ferro em uma jaula, que é posta no pátio interno do castelo. Alguns dias depois, o jovem filho do rei, de 8 anos, perde sua bola dourada enquanto brincava; esta rola até a jaula do homem selvagem. Evidentemente, João de Ferro se recusa a devolver a bola ao garotinho e lhe propõe um acordo: entrega ao menino seu brinquedo favorito se ele lhe der a chave da jaula.*
>
> *Mas onde está essa chave? João de Ferro diz ao filho do rei que ela está escondida "embaixo do travesseiro de sua mãe"! O jovem garoto aproveita a ausência de seus pais para pegar a chave. Ele liberta João de Ferro, que se apressa para voltar para a floresta. Com medo de ser castigado pelos pais, o menino suplica a João de Ferro para levá-lo consigo. O homem selvagem aceita, mas o avisa: "Você nunca mais reverá seus pais!" Dito isso, ele põe o pequeno sobre seus ombros, e os dois desaparecem no bosque.*

---

[*] BLY, Robert. "What men really want: a new age interview with Robert Bly by Keith Thompson", em *New Age Journal*, maio de 1982, p. 31-51.

O homem primitivo dorme sob o travesseiro da mãe

João de Ferro simboliza o homem selvagem e primitivo que reprimimos no inconsciente. É, por sinal, esta a razão de o descobrirmos no fundo de uma lagoa, em uma parte afastada da floresta. Seus cabelos, como os de Sansão, representam a força vital e instintiva, aquela que está relacionada com a agressividade, o sexo e a energia bruta. O ambiente civilizado do reino não tem lugar para esse homem das profundezas, então o colocam em uma jaula.

A bola dourada do filho do rei representa a personalidade em evolução, potencialmente redonda e plena. Mas, para poder tornar-se global, a personalidade do jovem garoto deve entrar em contato com a energia primitiva. Por isso que a bola dourada rola até a jaula de João de Ferro.

O fato de a chave da jaula se encontrar embaixo do travesseiro da mãe é sem dúvida o detalhe mais interessante do conto. A masculinidade instintiva do filho é controlada pela mãe! É claramente o que acontece quando o pai não encontra uma solução melhor para seu próprio problema de identidade que não seja trancar o homem selvagem em uma jaula.

Finalmente, quando o garoto decide partir com João de Ferro, ele deixa para sempre o mundo familiar. João de Ferro o iniciará em sua força vital para que ele nunca mais seja um filho da mamãe, nem um filho do papai.

É preciso extravasar

A diferença entre o corpo feminino e o corpo masculino nos apresenta uma metáfora a partir da qual podemos refletir sobre as particularidades psicológicas de cada um dos sexos.

Homens e mulheres

O homem possui um órgão sexual externo que fica ereto, penetra, ejacula. Desde a adolescência, por causa da produção maciça de testosterona, seu sistema hormonal é até 160 vezes mais rápido que o da mulher; isso significa que ele terá mais tendências agressivas. No plano psicológico, as consequências dessa realidade biológica poderiam ser que seus impulsos para descarregar a tensão, por meio de um gesto ou de uma decisão, sejam reforçados. E por seu organismo ser, por assim dizer, muito quente, muito ativo, ele terá a necessidade de dominar seus impulsos cultivando um certo desapego, uma certa "frieza" para não ser submetido às mudanças de equilíbrio com tanta frequência.

Por outro lado, a mulher possui um órgão sexual interno que recebe e que é úmido; um embrião pode se desenvolver ali. Além disso, por causa de suas menstruações, que seguem um ciclo natural, a mulher encontra-se mais perto do mundo orgânico. No plano psicológico, podemos imaginar que a interioridade, o universo das ligações íntimas, as relações com outro sob a forma de amor terão a tendência de prevalecer nela. Na mulher, o senso de reflexão prevalecerá sobre o impulso à ação, em outras palavras, o "ser" contará mais que o "fazer".

Evidentemente, são tratadas aqui somente as tendências gerais: a partir de sua identidade de base, cada indivíduo se encontrará misturado à outra polaridade. Podemos então imaginar que desenvolver sua masculinidade significará para uma mulher o desenvolvimento de seu espírito de iniciativa e de sua capacidade de separar o que parece ser organicamente conectado e natural. A interiorização diminuirá então em favor da ação e dos riscos.

Seguindo essas mesmas ideias, assimilar sua feminilidade será para um homem o desenvolvimento de uma capacidade de interiorizar e de receber: refletir antes de agir. Isso significará deixar em segundo plano o "fazer" em favor do mundo do "ser pelo simples prazer de ser", ter uma capacidade de provar os ciclos naturais, os prazeres das relações, e de se dar conta – oh, surpresa – de que ele tem um corpo.

Fazer circular a adrenalina

Fui surpreendido, há alguns anos, por uma resposta que o cantor Jacques Brel deu à jornalista Lise Payette, que o questionou sobre como ele usava seu tempo já que não cantava mais. Ele respondeu, com a maior seriedade do mundo: "Tento me cansar!" Observem alguns adolescentes do sexo masculino brincar entre si e ficarão espantados com a violência de sua diversão; eles também tentam se cansar. Seus pais não se surpreendem constantemente com a violência dos filmes de que eles gostam? Essas atitudes não são somente provocadas por uma ternura que não pode ser expressa de outro modo que não seja por golpes; há nisso a necessidade de fazer circular a adrenalina, fazê-la sair do organismo. E é essa mesma necessidade que parece explicar, nos homens, essa impetuosidade, essa força de afirmação, essa necessidade de lutar e de "enfrentar alguma coisa" para conseguir se cansar e conseguir assim ter um pouco de paz e de tranquilidade.

Se há uma coisa que as mulheres têm dificuldade de entender a respeito dos homens, é todo o prazer que eles sentem em competir, em "se desmoralizar", em "se estapear", em se machucar; ou ainda as necessidades violentas de transar que se apoderam deles e que parecem isoladas de todo contexto de relações. Quanto a esforços físicos ou intelectuais, parece que os homens sentem um prazer feroz em se medir. *É preciso extravasar!*

Há então algo de agressivo no organismo do homem, algo de impulsivo, que agride a si mesmo e do qual não se pode escapar. Com a condição, é claro, de compreender aqui a palavra agressividade em um sentido não pejorativo, como uma energia que poderia levar a uma afirmação dosada e bem adaptada, como se fala de uma energia sexual.

Poderíamos até nos perguntar se a terrível realidade que se esconde atrás de tudo isso seria a de que os homens gostam secretamente da guerra; se é no combate que eles sentem uma intensidade de vida que não encontram em mais nada. Por sua vez, as mulheres encontram essa intensidade na capacidade de carregar e de pôr uma criança no mundo. Homem ou mulher, digamos que nada torna a vida mais preciosa e mais intensa que o fato de arriscar perdê-la.

Assisti, há alguns anos, a um desfile de veteranos do Vietnã em uma pequena cidade dos Estados Unidos. Fui surpreendido pelo entusiasmo que homens de minha idade manifestavam ao ver a bandeira do regimento deles, a tal ponto que acreditei, em alguns momentos, que eles zombavam dos militares! Mas meus amigos americanos que me acompanhavam me garantiram o contrário: esses homens tinham adoração pela guerra.

Em seu livro *Manhood,* o psicanalista Stephen Shapiro escreve que, nas formações tradicionais dos homens, a importância dada à disciplina, ao autocontrole, à coragem e ao patriotismo se relaciona à violência interior que cada homem carrega secretamente em si mesmo, violência que ele deve aprender a controlar para usá-la a serviço da comunidade.

O recalque da agressividade

Quando pais muito autoritários não toleram a raiva de um filho ou a expressão de sua agressividade, o filho reprime esse dinamismo bruto. Como essa energia terá de ser liberada de uma maneira ou de outra, tomará então as seguintes formas:

1. *A agressividade se volta para o interior e se transforma em ódio por si mesmo.* Esse desprezo por si será exprimido sob a forma de sentimentos de culpa que o indivíduo remoerá incessantemente, pensamentos melancólicos que ele alimentará, sarcasmos depreciativos que ele dirigirá contra si mesmo e atos compulsivos (tais como comer, roer as unhas, lavar-se ou ferir-se sem parar) que cometerá de maneira irreflexiva. Ele poderá também se afundar em uma depressão crônica.

2. *A agressividade reprimida encontra um bode expiatório.* Trata-se geralmente de uma pessoa mais fraca que ele, ou ainda de um grupo social considerado como "inferior". Em geral, é o genitor com o papel dominante no casal que selecionará o bode expiatório em questão. Na realidade, os preconceitos do filho acabam sendo frequentemente os mesmos do pai.

3. *A agressividade reprimida pode ser transformada em culto ao opressor.* No próprio seio da família, o genitor tirano pode ser percebido como alguém "maravilhoso", e sua autoridade como infalível. Ele torna-se então um objeto de admiração: "Papai tem sempre razão." No plano coletivo, esse culto nos remete diretamente ao fascismo, em que os cidadãos acreditam que o ditador está acima de qualquer crítica.

4. *A agressividade é erotizada.* Nesse caso, seus impulsos reprimidos, tanto a sexualidade como a agressividade, estão interligados. Eles dão lugar a fantasias e práticas sadomasoquistas. O sádico adota perante seu parceiro o comportamento do genitor que puniu sua liberdade, enquan-

to o masoquista imita o comportamento do genitor que se curvou à dominação do outro; ele pode assim repetir seu próprio comportamento de submissão.

O dinamismo masculino

Acho que o dinamismo é um dos fundamentos da identidade masculina, no sentido de que um homem que não consegue entrar em contato com sua própria impetuosidade ou que não aprendeu a dominá-la, nunca se sentirá "homem". Não quero sugerir, longe disso, que as mulheres não conhecem tal impetuosidade. Quero dizer que, nos homens, esse dinamismo parece participar da própria fundação de sua identidade. Um homem deve aceitar se reconhecer no deus Fálus, com o pênis ereto, para sentir a qualidade de energia que o diferencia essencialmente da mulher.

Porém, vários homens contemporâneos encontram-se prisioneiros da seguinte situação: o pai ausente não lhes favoreceu nem o contato nem o domínio da agressividade natural; em vez disso, aprenderam a desprezar o que há de masculino neles, e são os valores masculinos ausentes, de que são, por assim dizer, castrados, que acabam levando-os ao sofrimento interior.

O que acontece quando uma geração completa de homens acredita ser livre do problema da agressividade? Esse problema não desaparece, ele se torna inconsciente; João de Ferro está no fundo de uma lagoa em uma floresta longínqua. O dinamismo inerente à masculinidade que o eu consciente reprime se transforma em hostilidade, em raiva interior, às vezes até em violência. E sem cessar essa força de afirmação mal empregada, desviada de sua meta, virá perturbar o indivíduo em seu funcionamento.

A raiva reprimida

Um bandido paranoico

Vejam a seguir alguns exemplos. O primeiro é aquele de Antoine, um estudante na faixa dos 30 anos. Seu modo de andar, com os braços a alguns centímetros do corpo, surpreendeu-me em nosso primeiro encontro. Parecia que ele queria se proteger a todo instante. Além disso, antes de cada sessão, ele sempre me devorava com os olhos, e o raio X de seu olhar me incomodava um pouco. Afinal, do que ele queria se certificar?

Antoine cresceu em um meio familiar frio. Seu pai, um empresário, estivera mais preocupado com sua empresa que com seus filhos. Na puberdade, Antoine dirigia tanta agressividade contra ele que acreditou ser praticamente responsável por um ataque cardíaco que abateu o pai. Por sua vez, a mãe era totalmente imprevisível quanto a seus humores: às vezes calorosa e atenciosa, frequentemente fria e indiferente. Assim, Antoine tinha aprendido a ficar alerta e a estar preparado para qualquer eventualidade.

O ritmo da terapia era bem lento; para falar a verdade, por muito tempo ele se contentou em me contar, sem emoção alguma, os pequenos eventos de sua vida, perguntando-me periodicamente se nosso trabalho estava chegando ao fim. Após vários meses nessa rotina, ele me contou o seguinte sonho:

> *"Estou na mercearia da esquina, procurando um produto em um corredor. De repente, um homem armado com um fuzil entra no estabelecimento com a intenção de cometer um roubo. Ele está alerta, tenso, rígido e tem atitudes paranoicas; tem medo de que alguém o obrigue a utilizar sua arma. Acho que eu seria capaz de impossibilitá-lo de agir golpeando-o na nuca, mas, ao fazer isso, eu correria o risco de ser ferido. Decido ser prudente e não fazer nada. Então o homem que está do meu lado reage. O ladrão se vira e o mata. Nesse momento minha namorada entra na mercearia sem se dar conta do que está acontecendo. Quero protegê-la. Não quero que ela aja ou que tente desarmar o ladrão. Faço um sinal para ela vir para perto de mim, e me deito sobre ela."*

Quando eu lhe perguntei o que o ladrão evocava para ele, Antoine cobriu o bandido de todos os defeitos possíveis, a seu ver, não só ele estava tenso e agia como um paranoico, como também se tratava, sem nenhuma dúvida, de um psicopata que podia matar friamente qualquer um, sem pestanejar. Ele estava orgulhoso por ter salvado sua pele ao não tentar intervir. Quando eu lhe sugeri que esse ladrão podia ser uma parte dele mesmo com a qual tinha perdido o contato, ele protestou enfaticamente. E alguém por acaso gostaria de ter as características de tal psicopata? Ele me disse que minha interpretação não respeitava sua atitude no sonho: ele havia feito o que tinha de fazer e havia respeitado as regras de seu superego!* Eu lhe expliquei que o problema estava justamente aí: mais uma vez havia feito "o que tinha de fazer"; de fato, ele estava tão "identificado" com seu superego que sua espontaneidade ficava totalmente sufocada. Eu lhe perguntei se sua recusa a atacar o ladrão, de tocá-lo, de enfrentá-lo não simbolizava sua maneira de evitar o contato com sua própria hostilidade. Ele se mantinha assim longe de toda a força positiva da agressividade. Por essa razão a terapia estava em estado de estagnação.

Eu lhe expliquei também que sua maneira inconsciente de viver sua cólera interior era projetá-la para fora, sobre os outros; por isso ele vivia sempre alerta, observando profundamente todo interlocutor. Em suma, o paranoico, talvez era ele! As explosões de agressividade que ele temia, de fato, pertenciam-lhe. Tomar consciência de sua violência reprimida era o único meio de sair do sistema de vigilância paranoica que parasitava sua vida.

Eu me referi ainda ao momento do sonho em que ele se deita sobre sua namorada; no fundo, ele se protegia ao protegê-la. Não queria que ela entrasse em contato com sua hostilidade, que ela a provocasse com a "atitude", no sonho, de tentar neutralizar o ladrão, e, na realidade, com suas questões e intuições que poderiam incomodá-lo. Afinal, a situação do casal era problemática; há dois anos Antoine mantinha sua parceira em um dilema: recusava-se a viver com ela, mas também não queria pôr um fim na relação. Eu lhe propus então assimilar o psicopata para ter coragem de "matar" a relação e separar-se, ou vencer suas resistências para comprometer-se para valer com sua parceria.

---

* A influência da mãe representa apenas um dos componentes do superego. O superego é feito da soma das restrições morais e sociais que acumulamos por meio da relação com nossos pais, a Igreja e a educação. Ele pode ser excessivamente predominante e asfixiar um indivíduo ao inibir todos os desejos impulsivos que não estão de acordo com seus ditames.

Um tigre de pelo macio

O segundo exemplo que lhe proponho é o de Roger. Aposentado, na faixa dos 60 anos, ele teve uma carreira muito frutífera. É muito gentil e está sempre sorrindo. Um detalhe revelador chamou imediatamente minha atenção: sua maneira de dar a mão. Ele me estendia a mão aberta em sinal de acolhida, mas não a fechava sobre a minha. Não se comprometia, não se doava.

Ele havia tido um pai extremamente autoritário e exigente que o considerava um zero à esquerda. Esse pai reinava como verdadeiro tirano, tanto em relação a seus filhos como em relação a sua mulher, submissa e depressiva. Um dia, ela tinha deixado Roger sozinho em uma loja, esquecendo simplesmente que o havia levado consigo. Para sobreviver e não ser mais abandonado, Roger havia desenvolvido uma carapaça gentil e sorridente. Ele tinha começado a fazer terapia por uma questão de impotência sexual. Eis um dos primeiros sonhos que ele me contou:

"Estou em uma cabana no bosque e discuto com um colega sobre o que deveríamos fazer para nos defender contra um tigre que se aproxima de nós. Meu colega decide sair para tentar pegar o tigre. Já eu, opto por buscar uma forquilha no porão, convencido de que é possível manter um tigre afastado com uma forquilha. Após fazer isso, dou uma olhada pela janela e me dou conta de que meu cachorro está completamente paralisado observando alguma coisa. O tigre está lá, muito maior que o previsto, bem forte, bem nutrido e com o pelo macio. Ele se dirige para onde estamos. Eu me pergunto o que fazer."

A maciez dos pelos do tigre evocava para o sonhador a maciez da pele de sua mulher. Exatamente como a Antoine, expliquei a Roger que ele tentava provavelmente se defender contra sua própria ferocidade, contra o tigre que existia em si, e que ele projetava isso em sua mulher, de quem temia julgamentos negativos. Quanto à posição do cachorro paralisado, representava para mim sua dificuldade de ereção. Eu relacionei essa dificuldade com os sentimentos hostis e ferozes que ele mesmo sustentava acerca de sua mulher. Ele tinha medo de ser devorado por ela, mas, na realidade, tinha medo de ser atacado por sua própria violência interior.

Há aí um elemento em comum com o sonho anterior: os dois sonhadores têm medo de morrer ao ter contato com seu lado agressivo. E, de certo modo, esse é um medo legítimo, pois nem um nem outro pode entrar em contato com sua hostilidade reprimida e sair dessa experiência ileso. Estamos aqui na presença de uma verdade psicológica importante: aceitando a relação com dimensões inconscientes, a estrutura do eu vai mudar. Quando se aceita reconhecer o assassino em si, ou o animal raivoso, quando se faz disso uma experiência emotiva profunda, a atitude consciente vai se modificar, o indivíduo vai "mudar". A triste verdade é que, prevendo a mudança, nós a combatemos com todas as nossas forças, pois ela se apresenta frequentemente sob a forma de sombrios auspícios. A esse respeito, Marie-Louise von Franz declarou, muito espirituosa, que, na maior parte do tempo, o "novo" entra em nossas vidas com o pé esquerdo! (Vale a pena lembrar que, em latim, o adjetivo *sinister* significa "esquerdo". A renovação ocorre então, com frequência, em um dia sinistro.)

Um gambá que cheira a alho

Nós nos comportamos de fato como se os elementos de nossa personalidade que nos recusamos a reconhecer não existissem mais. Dizemos que o inconsciente está vivo, mas não percebemos que isso significa que a emoção reprimida achará meios indiretos para se expressar. A experiência de Paul ilustra bem essa questão.

Paul tinha 40 anos na época da terapia. Ele havia tido pais relativamente adequados. Seu pai tinha orgulho de sua mulher e trabalhava muito para ser bem-sucedido em sua carreira. Ele era do tipo "bom menino". A mãe vinha de uma família abastada que a tinha repudiado por sua escolha amorosa. Essa família de cinco indivíduos, cuja aventura começou na serenidade, ia conhecer um destino trágico.

Quando Paul tinha 3 anos, a casa deles foi completamente arrasada por um incêndio. A família afundou na pobreza extrema. Os pais e seus três filhos foram obrigados a dividir um apartamento de um só cômodo; os pais dormiam no sofá, o filho caçula sobre a mesa, e os outros dois garotos sobre cadeiras alinhadas! Ainda por cima, durante o dia, a parte da frente do cômodo era usada para o negócio do pai.

O aspecto mais trágico desse evento foi que a mãe se afundou então em uma depressão terrível. Aquela que cantava antes como um canário o dia todo, que costurava e tinha orgulho da higiene de seus garotos, começou a negligenciar tudo. Isso exigiu de suas crianças um extremo esforço de adaptação; eles não se reconheciam mais no espelho negro que ela lhes apresentava. No ano seguinte, Paul foi mandado a um convento de religiosas onde consideravam que todos os meios eram válidos para disciplinar as crianças. Quando sua mãe não o visitava, as religiosas lhe diziam que era porque ele não havia sido bom o suficiente! Então ele sufocou profundamente todo impulso agressivo, calou sua raiva pelo abandono e tentou adaptar-se a esse novo meio hostil. Mas uma parte de si mesmo tinha parado de seguir a vontade do ego consciente.

Sendo inteligente, ele se deu bem nos estudos. Mas encontrou sérias dificuldades para se adaptar a seu meio de trabalho. Ao longo da terapia, ele perdeu dois grandes empregos. Ele simplesmente não conseguia trabalhar. Sua ferida de amor do passado, a raiva e a rejeição que sentia, faziam com que ele buscasse desesperadamente, no mundo do trabalho, um reconhecimento afetivo; desse modo ele atraía inevitavelmente inimizades. Para poder trabalhar, precisava sentir que o amavam, enquanto, na verdade, esperavam dele, antes de lhe darem um voto de confiança e de estima, uma prova de competência.

Foi por meio de um detalhe que eu tinha ignorado desde o início de nossas sessões que pudemos abordar a questão da agressividade reprimida e de sua expressão indireta. O fato é que, durante uma certa fase da terapia, Paul exalava um cheiro terrível de alho, a ponto de eu ter de escancarar todas as janelas depois de nossos encontros para me livrar daquele cheiro desagradável. Eu sempre havia evitado lhe falar disso e agradecia ao céu por ter minha pausa para almoço logo após nossas sessões! Novamente, foi um sonho que veio purificar a atmosfera.

"Convido uma garota para visitar meu apartamento. No apartamento, há uma mãe gambá que pendura seus filhotes nas roupas de todos aqueles que passam. Os pequenos gambás têm ganchos de verdade nas costas."

Finalmente, eu tinha a chance de abordar aquele assunto delicado, mas eu estava longe de adivinhar tudo o que isso desencadearia! Para minha grande surpresa, ele constatou, por si só, que aquele era um modo de impor seu poder sobre os outros. No trabalho, ele queria que o aceitassem mesmo sem trabalhar; na terapia, ele queria que eu o aceitasse apesar de seu cheiro de alho. Essa questão dos maus cheiros tinha, aliás, uma longa história. Um dos episódios remontava a seu período *hippie*, quando ele gostava de não tomar banho, mesmo se isso incomodasse seus companheiros da comunidade. Ele me confessou também que sua falta de higiene corporal tinha sido uma grande queixa da mulher que o tinha deixado sete anos antes. Por fim, isso remontava à depressão de sua mãe que, do dia para a noite, tinha parado de preocupar-se com a higiene dos filhos e com a limpeza da casa.

O comportamento de Paul era como um protesto e expressava sua raiva por ter sido negligenciado. Ele estava em busca da pessoa que o amaria "incondicionalmente". Ele se recusava a admitir que sua infância havia terminado e que ninguém mais lhe devia esse tipo de amor. Mas, ao mesmo tempo, ele se sentia culpado por abusar dos outros com seu comportamento. Tentava então ser perdoado mostrando-se extremamente servil. Às vezes, punha quase sua vida em risco em nome disso; um dia, ele aceitou pegar um pacote na casa de uma colega para levar ao correio em plena tempestade de neve, dirigindo sem limpador de para-brisa e com freios defeituosos!

Vemos, neste caso, como a raiva interior e a cólera podem manifestar-se de maneira indireta quando o ego consciente lhes fechou a porta. É assim que um indivíduo se condena a tornar-se o brinquedo de suas forças interiores, que não cessam de intervir de forma desagradável em sua vida e acabam bloqueando seu desenvolvimento.

O encontro do homem primitivo

Quando a agressividade nos "possui"

Paul cheira a alho, Roger se desdobra em sorrisos e Antoine está sempre alerta. E os três têm medo de que tudo isso exploda! Na verdade explode, mas quando não é muito perigoso. Explode de modo indireto, contra um objeto, ou de modo mecânico, ou sob a forma de um odor nauseante. Suas histórias nos permitem constatar que a repressão da energia ativa não é uma solução. Querendo ou não, todo homem deve passar pela porta estreita da sombra que carrega interiormente. Ele deve submergir em seu fundo arcaico. Ele deve libertar João de Ferro. Tomar consciência dessa sombra me parece a única solução possível para levar um homem ao domínio dessa força potencial que é a agressividade. De fato, só podemos controlar o que conhecemos intimamente, do fundo de nossas entranhas, do fundo de nosso coração. A seguir, uma menção de Jung a esse assunto:

> *"É preferível admitir o afeto e submeter-se a sua violência do que tentar fugir dele por meio de todos os tipos de truques intelectuais ou de julgamentos de valor. [...] A violência do afeto deve penetrar até o coração do homem, e ele deve sucumbir à sua ação. [...] Mas ele deveria saber [...] o que o afetou, porque, assim, ele transformaria em conhecimento o aspecto cego da violência do afeto, por um lado, e a própria natureza desse afeto, por outro."**

É preciso que os homens que sofreram com a ausência do pai e que, por consequência, reprimiram sua agressividade, comecem a domar o homem primitivo que trazem em si mesmos. O que recusamos em nós, o que nos recusamos a aceitar, acaba se manifestando no exterior, tomando a forma de destinos trágicos. Divórcios, acidentes de automóveis, falências comerciais, demissões... Muitas violências que nos afetam quando nos recusamos a ver que se trata de uma parte de nós mesmos. É o malfeitor em nós levando adiante suas pequenas atitudes, à sua maneira, de um jeito bem autônomo, enquanto exibimos nossas lágrimas ou nossos sorrisos.

Esse malfeitor está livre no inconsciente, porque lhe fechamos a porta de nossa consciência; essa energia tem o poder de nos possuir, porque a reprimimos. Não queremos ser aquele bandido ou aquele tigre feroz; temos

---

* Jung, Carl Gustav. *Psychology and religion: West and East.* Collected Works, nº 11, Bollingen Series XX, Princeton: Princeton University Press, 1956, p. 562. (Edição brasileira: *Psicologia e religião.* Rio de Janeiro: Vozes, 2011.)

dificuldade de entender que a agressividade se perverteu, porque rejeitamos sua força em vez de lhe achar um canal aceitável. Porque nos recusamos a "possuir" agressividade, é a agressividade que nos "possui". Então, diante da menor frustração, a brutalidade reconquista seus direitos: violência verbal, violência física, frieza extrema em relação ao outro, ideias suicidas etc. Freud falava do poder do "id". Pois bem o *id* vem à tona, *o id* se expressa, graças a nós ou apesar de nós.

Mas, se os homens tiverem de passar pela conscientização de sua agressividade, essa conscientização deve servir para a reconquista e para o *domínio desse poder*. Eu não encorajo os homens a serem mais violentos em seus comportamentos, eu os encorajo, porém, a acolher essa energia que lhes pertence para que se sintam melhor consigo mesmos. Tomar consciência do homem primitivo que cochila dentro de si é uma passagem necessária para a busca de um poder pessoal de autonomia e de afirmação, assim como para a aquisição de uma segurança interior.

Não é a conscientização dessa força que leva à violência, mas sim sua repressão. A maioria dos assassinos e estupradores fala de impulsos aos quais não pôde resistir. Eles foram, por assim dizer, atacados interiormente por sua própria violência. A maioria das violências conjugais nasce assim: o impulso que leva a bater no outro para esconder uma impotência ou uma frustração surge como um raio e se apodera de todo o ser para submetê-lo à sua força, de uma maneira totalmente irracional. O ego não pôde conter o ataque das forças interiores e o indivíduo passa ao ato para se livrar da insustentável tensão. É a violência que observamos horrorizados no dia seguinte e que escondemos no inconsciente até a próxima explosão de voz, até a próxima sucessão de tapas.

Como abrir a jaula de João de Ferro

Como purificar a agressividade que se transformou em hostilidade ou em raiva interior? Como limpar ou lavar essa energia? Como causar uma catarse que permita a expressão da violência e dos sentimentos negativos e autorize ao mesmo tempo a recuperação das forças sadias da agressividade? Acho que se trata de criar laços e momentos privilegiados de contato com a emoção reprimida; que se trata de contê-la em formas simbólicas; que se trata de chegar, em fantasia, até o fim da intensidade emotiva para que ela nos conceda sua essência e nos deixe vislumbrar o que nos possui. Eis um exemplo do que quero dizer:

Alex é um jovem homem, no início dos 20 anos. Falso meigo, ele possui uma grande agressividade reprimida, tem ideias suicidas e vive histórias de amor muito pouco satisfatórias. Suas queixas se concentram em volta do personagem da mãe, que é "muito forte", a seu ver. Eu o encorajo de vez em quando a chegar até o fim dessa raiva que tem contra ela. Ele resiste, resiste, até que um dia, se deixa levar. Em uma alegria misturada com lágrimas, ele se permite superar o tabu, deixar-se tocar por sua raiva, e imagina então a seguinte cena: no porão da casa onde nasceu, ele mata sua mãe a golpes de machado e depois pisoteia os pedaços ensanguentados em um tipo de dança jubilosa.

Para ele, foi uma experiência radical. Ele havia enfim ido até o limite de sua negatividade. Tinha entrado em contato com o lado sádico, com o assassino que havia em si. Essa experiência o tranquilizou. Aos poucos, os sentimentos negativos que o habitavam conseguiram exprimir-se na realidade de modo adaptado. A raiva que ele nutria pela mãe se transformou em estima pelo que ela lhe havia dado. E, gradualmente, ele reencontrou o gosto pela vida. Ele tinha aprendido uma grande lição, a da passagem "simbólica" ao ato.

Por que essa passagem funciona? Ela funcionou em Alex, porque suas reclamações não se dirigiam à mãe real, mas ao complexo materno. Contudo, um complexo é uma entidade psíquica que deve ser combatida no terreno psíquico. O assassinato da mãe consistia em uma separação simbólica do filho em relação a sua mãe interior. Para fazê-lo, ele teve de submergir em suas forças agressivas e utilizar o potencial positivo delas. Matar sua mãe real não lhe traria nada, a não ser o privilégio duvidoso de passar o resto de sua vida preso.

Existem, evidentemente, rituais mais concretos que os da violência imaginária. Os africanos de Gana fazem um círculo e dançam em volta de uma máscara que representa a violência renegada. Eles afirmam que cada homem traz essa violência potencial em si, e a exorcizam dançando dia e noite ao som dos tambores. Realizei há pouco tempo um *workshop* de um dia na natureza com um grupo de homens. Eu os levei a se superarem fisicamente, a se esgotarem, ajudando-os assim a reencontrar sua espontaneidade física, a deixar de lado seus condicionamentos e seu controle perpétuo para voltar a ter contato com o homem tribal, o homem orgânico.

Para transformar a agressividade em conhecimento de si próprio, trata-se então de "ceder ao mundo imaginário", de receber sem julgar o que se passa dentro de si. Isso constitui o primeiro passo para a intimidade. Esse sonhar acordado, essa imaginação ativa, caso sejam vividos intensamente e de modo emotivo, tornam-se verdadeiras experiências psíquicas, verdadeiros "eventos" na vida de um indivíduo. Aniquilam as chances de "passagens ao ato" às cegas. O encontro com essa sombra dá força ao homem, define-o. O fato de provar plenamente certos sentimentos o enraíza na realidade do mundo e de sua violência. A sombra o põe diante de uma escolha, de um dever perante sua hostilidade reprimida: agora que ele sabe até onde isso vai, até onde isso pode ir, torna-se responsável.

Um homem não é um homem enquanto...

No fundo, o terrível mistério está aí: um homem não é um homem enquanto não encontrar sua energia bruta e selvagem, não encontrar o prazer de lutar e sua capacidade de se defender. A raiva cega pode então transformar-se em poder de se comprometer, tolerar tensões e resolver questões; a capacidade de se distanciar pode se tornar um poder de discernimento; surge um novo prazer em explorar. Um sentimento de segurança interna se desenvolve: sabemos que, qualquer que seja a situação, se não der certo, há uma energia em nós, um recurso fundamental alicerçado na agressividade que poderá nos ajudar a resolver a questão.

Ter contato com o poder de João de Ferro, o dinamismo masculino, e dominar esse poder é o que permite a um homem penetrar no mundo da mulher, tanto no sentido literal como no figurado. Enquanto um homem não souber que ele pode ir além da doçura melosa ou da violência cega para se defender, não poderá ter uma relação plena com o outro sexo. Para ter condições de entregar-se à intimidade do casal, ele deve se sentir capaz de sobreviver à rejeição, ou de sair da relação por iniciativa própria, se necessário.

O guerreiro interior

Os gregos e os romanos elevaram ao nível de divindade o guerreiro Marte. Os antigos o reconheciam como uma força psíquica fundamental à qual era preciso dedicar um culto. Marte é a afronta, o insulto, a bofetada que vem impor um limite e provocar as hostilidades; é também aquele que pode solucionar problemas, superar dificuldades, sair batendo a porta. Mas é bem mais que isso, é um motor psíquico de primeira ordem. Marte faz mexer as coisas, provoca confrontos para forçar os humanos a sair da estagnação. Marte é uma força vital, uma trovoada, um estimulante; é a primavera que sacode a Terra.

Em uma conferência realizada em maio de 1987, no Centro de Estudos C.G. Jung de Montreal,* o analista James Hillman destacava o aspecto civilizado das artes marciais, que se opõem aos excessos descontrolados. Na realidade, Marte vive segundo a disciplina, na repetição precisa e concentrada do manuseio das armas, ele se dedica a dominar seu medo, respeita o adversário e sabe reconhecer seu valor. Ele possui uma ética de combate e um código moral. Se ele sabe como declarar uma guerra, sabe igualmente como evitá-la para conseguir a paz. Marte tem também seu lado voluptuoso; o que transparece na beleza de seus trajes, no polimento de suas armas, nos galões de seu uniforme, nos enfeites de seus cavalos. Se muitas vezes ele se arrasta na lama das valas banhadas pelo sangue das explosões, conhece também seus momentos de glória e de esplendor. Nosso prazer infantil pelos desfiles de soldados testemunha isso. Adorávamos esses belos uniformes, a música das cornetas e dos tambores, todo aquele "glamour" que reluzia sob o sol. Cedíamos ao charme de Marte, com os olhos repletos de admiração pelo deus disciplinado e orgulhoso.

---

* HILLMAN, James. *L'Amour de la guerre. Cahiers du Cercle*, Centro de Estudos C. G. Jung de Montreal, maio de 1987.

Hoje, no entanto, o arquétipo do guerreiro está em processo de mudança, Marte teve de mudar, o perigo do planeta exige sua evolução. O guerreiro pode viver plenamente sem que ocorram confrontos físicos. A luta por um meio ambiente menos tóxico é um novo campo de batalha para Marte, assim como a luta pela paz mundial ou pelo respeito aos direitos humanos.

Os índios da América constituem um modelo eloquente de uma vida guerreira vivida segundo o respeito à vida animal e vegetal, graças a uma consciência da unicidade do mundo. Esses guerreiros não devastavam o meio ambiente, usavam-no como alicerce e encontravam seu lugar nele. Nós conseguimos domar a natureza exterior, mas nossa natureza interior vive ainda em um estado primitivo, e ela nos violenta constantemente. Devemos voltar a nossas origens e cultivar essa imagem mítica e histórica do índio que vive segundo o respeito às leis naturais e espirituais.

O mundo se "psicologiza" e Marte se "psicologiza" também. O gosto por brilhar, por se superar e por dominar a si próprio, é interiorizado e contribui para revelar o guerreiro interior. Ele pode nos pôr na trilha do entusiasmo, na trilha da erupção da vida dentro de nós. Acordar o guerreiro interior é despertar dentro de si o fulgor e o orgulho. Marte desperto pode nos ajudar a nos livrar de nossos maus hábitos ou de nossa preguiça física e intelectual, ele pode nos ajudar a reencontrar a paixão pela vida e o elo vital.

Marte desperto significa a efusão da primavera em si. "Explodir de saúde" é uma experiência psicológica e fisiológica ao alcance de todos. Essa efusão da primavera em si mostra-se sempre ser, ao mesmo tempo, o extravasamento do amor, como se o prazer de responder à faísca vital nos deixasse orgulhosos de nós mesmos e apaixonados pela vida. Além disso, nos mitos gregos e romanos, Marte é amante de Vênus, deusa do amor e a mais bela mulher do Olimpo. Vênus ama o ardor de Marte, ela ama nele o ardor da vida. Ele lhe traz a faísca vital que a faz brilhar em todo seu esplendor. Estranho casamento, estranha aproximação das ardências do amor e da guerra. A acolhida da adorável Vênus emociona Marte e o faz deixar as armas. Ele não tem mais de lutar, pode entregar-se, ficar nu e viver o amor. Detalhe revelador: a criança que nascerá dessa união se chamará Harmonia.

O guerreiro pode tornar-se essa jornada interior rumo à Harmonia, a harmonia com nossas leis físicas e psíquicas, a harmonia com nosso meio natural e cultural. Marte, com seu poder de despertar, conhece o caminho para a vida, pois ele é a própria força do movimento vital. Ele conhece o caminho para a harmonia e sabe que para chegar lá, terá de passar pelo amor. Isso significa que o esforço feito sem amor ou a intensidade empregada sem prazer não levam à harmonia. Significa que uma impetuosidade que nunca abaixa as armas, que não conhece a doçura e a volúpia de viver, não alcança seus objetivos. A impetuosidade cega não condiz com a alegria suprema de brilhar em todo seu esplendor, conforme a própria vida, que corre tão impetuosamente em cada uma de nossas veias.

Lutar para descobrir o melhor de si mesmo e experimentá-lo é a própria fonte da paz e do amor próprio. A bela Vênus espera eternamente o homem despertar em nós, ela lhe concede então todo seu charme e toda sua beleza. Para o homem desperto, a natureza revela seus adornos. O mundo se torna para ele fonte de admiração, de deleite e de êxtase. Vênus o recebe em seus braços. O guerreiro se torna amor.

Quando estamos no auge de nosso ardor, Vênus aparece para nós e arrebata nosso corpo e nosso espírito. Isso se traduz por estados mentais de alegria e uma sensação de harmonia. Estamos bem longe então de todas essas ginásticas morais e intelectuais que pregam o amor universal. O amor não existe sem o despertar do guerreiro, o amor passa por Marte, e é assim que se torna harmonia. Podemos então pregar a vida toda, para nós mesmos e para os outros, a respeito do amor, enquanto estivermos confortavelmente sentados, com a barriga bem redonda, diante da televisão, nada acontecerá, a vida continuará vazia de sentido. E é igualmente sem sentido para nossas parceiras viver com um homem que não tem vigor. Não é somente a Vênus interior que reencontramos quando damos o melhor de nós, quando despertamos a vigilância e o prazer da superação, é também a Vênus exterior, a amante que está à espera em nossas parceiras.

"Mulher, é para ti que vai o desejo, todo o desejo. Guarda-te para o amor, guarda o amor, apaixonada mesmo antes do amor, apaixonada pelo amor, com desejo e disposição de amar. Alegra-te, pois deténs o filtro e o segredo. Alegra-te, pois foste escolhida para estar no amor e nele permanecer."

"Homem, dedica-te a ser amável, proclama teu ser e tua pessoa até que brilhes com um fulgor incomparável. Então, a Mulher se abrirá para ti, e tu a incendiarás com o ardor do amor, e serás banhado, afogado em teu vasto segredo, e será um êxtase, o êxtase absoluto. Homem, alegra-te, pois se é ela que detém o segredo que guarda o amor, és tu que acendes o fogo, és tu cujo desejo abrasa, és tu que fazes amor."[*]

---

[*] LECLERC, Annie. *Op. cit.*, p. 63-64.

5

O sangue do pai

A traição do corpo

O que apresentei até aqui como sendo o problema psicológico de algumas gerações de homens, tem raízes que chegam até a própria base da civilização ocidental. A ferida da identidade masculina não data de ontem. A partir do momento em que o pensamento dualista surgiu entre os gregos, e talvez até antes deles, o corpo foi separado do espírito, o objeto do sujeito, a natureza da cultura.

A ferida do Rei Pescador

A reavaliação da agressividade e a integração da vitalidade guerreira estão longe de representar a solução final ao dilema masculino. A história de Perceval, herói por excelência da Idade Média, testemunha muito bem isso. Assistimos já ao drama de uma masculinidade construída apenas a partir do exterior e que perdeu seu sentido de identidade interior. Aliás, existe algum símbolo mais belo dessa estruturação artificial que o da armadura do cavaleiro, que protege aquele que a carrega, que pode até manter-se em pé sozinha?

A história de Perceval foi imortalizada por Chrétien de Troyes em *Perceval ou o conto do Graal* e, mais recentemente, pelo cineasta John Boorman em seu filme *Excalibur*. Escrita há mais de quinhentos anos, essa história continua exercendo fascínio por conta da modernidade de suas articulações. Ela nos impede, em todo caso, de ceder à tentação de imaginar um passado idílico no qual os filhos teriam tido pais presentes, e ao longo do qual a identidade masculina não teria corrido perigo.

O jovem Perceval vive sozinho com a mãe; seu pai morreu na guerra, e ele não o conheceu. Seus irmãos, também, morreram a serviço da cavalaria. Sua mãe, temendo perder seu último filho, proíbe-lhe esse ideal de vida. Mas Perceval decide, apesar de tudo, partir. Ele abandona sua mãe, que morrerá de tanto sofrimento. No caminho, o adolescente seduz uma jovem cujo amante ciumento, o Cavaleiro Vermelho, chama-o para um duelo. Após ter matado o cavaleiro, Perceval fica fascinado pela armadura dele, vermelha e reluzente, e a veste por cima de suas roupas de camponês, traje, aliás, carinhosamente costurado por sua mãe. Depois, deixa a jovem garota para trás.

Assim são postos os primeiros alicerces da identidade masculina de Perceval. Seu confronto com o Cavaleiro Vermelho, cuja armadura mostra a cor do sangue e da paixão, representa um primeiro confronto com o mundo instintivo, seu próprio mundo instintivo. É pela força brutal que ele vence seus impulsos, mas essa repressão pela força situa-se, na realidade, no encontro de uma integração real de sua virilidade. Se ele ostenta exteriormente uma masculinidade absoluta e reluzente, simbolizada por sua armadura – uma qualidade "de macho", poderíamos dizer –, ele continua interiormente um filhinho da mamãe, já que a veste por cima das doces roupas que ela lhe fez.[*]

Graças a sua armadura, Perceval é introduzido na corte do Rei Artur e dos cavaleiros da Távola Redonda. Lá o educam na arte da cavalaria. Ele aprende a manusear as armas e a montar cavalos. Assim, iniciado, ele parte para a conquista do mundo.

Ele libertará um reino sitiado por um tirano e lhe será oferecida como esposa a princesa Brancaflor. Mas novas conquistas o atraem e, assim que

---

[*] Para a interpretação da lenda, eu me refiro em grande parte ao brilhante trabalho do analista suíço Bernard Sartorius: "Les Archétypes du masculin", conferência e seminário realizados no Centro de Estudos C. G. Jung de Montreal, em maio de 1986. (Notas pessoais do autor.) Além disso, pode-se encontrar um excelente resumo da lenda, com outra interpretação, na obra de Robert A. JOHNSON: *He, understanding masculine psychology.* Col. Perrennial Library, nº P 415, Nova York: Harper & Row, 1977, p. 83.

o casamento é consumado, ele abandona sua mulher. Exatamente como abandonou sua mãe, exatamente como abandonou a jovem garota cujo amante havia matado. Perceval não pode se comprometer com uma mulher. Suas aventuras o levam cada vez mais longe. A assimilação do feminino permanece impossível. Finalmente, o unilateralismo de seu heroísmo masculino e sua independência feroz em relação à mulher levarão Perceval a ser confrontado com o mistério do Graal.

Um dia, ele chega perto de um lago. Bem no meio desse lago, ele nota um homem pescando, perfeitamente imóvel. Trata-se do Rei Pescador, que prontamente convida o cavaleiro para um banquete que haverá em seu castelo naquela mesma noite. Todavia, durante a refeição acontece algo absolutamente estranho. O herói assiste a uma procissão cujo ponto culminante é o espetáculo de uma lança que sangra misteriosamente em cima de um cálice, o cálice do Graal.

Perceval fica estupefato. Ele morre de vontade de pedir explicações, mas não ousa fazer isso: ele prometeu à mãe que seguraria sua língua em ambientes sociais. Azar o dele, já que descobre, assim que acaba o banquete, que o Rei Pescador sofre de um ferimento na altura do quadril que não consegue curar, e que tal ferimento não irá sarar até que um convidado quebre o silêncio fazendo uma pergunta referente ao espetáculo estranho que havia acabado de presenciar. Ele também descobre que o ferimento do Rei foi provocado por um dardo traiçoeiramente lançado por uma bruxa. Dizem-lhe também que a lança que sangra seria a mesma com a qual o centurião transpassou o flanco de Cristo na Cruz.

Interrompo aqui a narração da lenda para considerar alguns elementos que emergem dela. As questões que encontramos nessa história persistem ainda hoje; de fato, o silêncio dos homens tem um papel fundamental nesse caso, assim como a fragilidade da identidade masculina simbolizada pelo ferimento do Rei.

O Rei doente significa que o princípio que "rege" a masculinidade é atingido. Está ferido obscuramente "na altura do quadril", portanto em pleno centro do corpo, no nível do baixo-ventre ou dos órgãos genitais. É atingido nesse local que divide o alto e o baixo do corpo, que separa as partes nobres, ou seja, o coração, os pulmões e a cabeça, das partes ditas inferiores, ou seja, o ventre e o sexo. Essa chaga mal especificada leva nossa imaginação para o lado da castração; o princípio de reprodução masculina parece prejudicado; o masculino não pode mais gerar, não pode mais se regenerar. É interessante notar que, em outra versão da lenda, o golpe de dardo não é dado por uma bruxa, mas por um maometano, e fica especificado que atingiu o Rei nos órgãos genitais.

Em outras palavras, se o Rei Pescador está ferido no meio do corpo, isso indica que o princípio espiritual masculino está divido em dois: as partes nobres da espiritualidade foram cortadas das partes julgadas inferiores, que têm relação com o ventre, o órgão sexual e as pernas. Com isso, a espiritualidade do pai está incapaz de se regenerar, apresentar novas atitudes, e até de progredir, já que tem as pernas cortadas. O contato com a terra está perdido.

O golpe viria de uma bruxa. Note que, a bruxa representa o princípio feminino rejeitado pelos homens, princípio que se torna maléfico e se volta contra eles. Na história, o encontro com o Rei Pescador não ocorre depois de Perceval ter abandonado Brancaflor, sua esposa? O ferimento seria, então, causado pela atitude ambígua dos homens em relação às mulheres. Tudo acontece como se os homens tivessem dissociado de seu ser as dimensões que eles julgam vis e que as tivessem projetado na mulher. Eles tentam portanto mantê-la em posição inferior, provocando assim a cólera do feminino e sua vingança extrema.

Além disso, o golpe foi desferido com um dardo, símbolo que vem reforçar o motivo de a lança sangrar, sobrepondo, por assim dizer, a azagaia da bruxa e o pique do soldado romano. O autor relaciona assim a chaga de Cristo ao machucado do Rei e ao feminino mal integrado.

Podemos pensar que a referência feita ao sangue de Cristo indica que a religião cristã, apesar do impulso civilizador que permitiu, está ferida e fere em seu próprio princípio. Ela divide muito fortemente o alto do baixo. Em vez de reunir instinto e espírito, ela os separa. O mundo cristão cultiva a espiritualidade "azul celeste", etérea, e recusa ao instinto e à matéria toda participação no mundo espiritual. A espiritualidade instintiva, "vermelha", é negada, e cabe às mulheres carregar o lado detestável dessa divisão do masculino. Os rituais de bruxas, com suas danças macabras e suas perpétuas alusões à sexualidade, vêm compensar a cegueira da religião reinante.

Já notaram que a religião dos ameríndios, julgada primitiva, no entanto não parece sofrer tal divisão? As denominações "Grande Manitu" ou "Grande Espírito" não nos mostram um princípio espiritual desencarnado. Ainda vemos aí voar a águia, retumbar o trovão e soprar o vento. Elas mantêm suas ressonâncias naturais. As coletâneas de textos espirituais indígenas apresentam títulos como *Pés descalços sobre a terra sagrada*. Esses textos se referem ao homem inteiro e a todo o cosmos. O "Pai Nosso que estás nos céus" parece tão desencarnado em comparação! Feridos na altura do quadril, perdemos o contato vital com a terra sagrada e nossas ações ferem o feminino.

Tentando domar os fortes impulsos que são a violência e a sexualidade, o cristianismo, essa religião de homens deixou para trás algo essencial, ou seja, uma espiritualidade do "baixo" que não fere a relação com a terra e os instintos. Dois mil anos mais tarde, vemos vir à tona o que estava pressuposto em *Perceval ou o conto do Graal*. Foi preciso todo esse tempo para que a revolta das mulheres, a revolução sexual e a poluição do planeta mostrassem aos homens que sua concepção do mundo é doente por essência. Em plena Idade Média, Chrétien de Troyes percebia, sem dúvida de modo confuso, o drama do masculino. Ele tentou então retratá-lo sob os traços do destemido Perceval, mas – detalhe significativo – morreu antes de poder concluir seu romance.

Um último elemento da história merece nossa atenção: o silêncio que cerca o sangue que escorre da lança e a perda de vitalidade do Rei. Este último não menciona seu machucado a Perceval, o qual, por sua vez, não faz nenhuma pergunta sobre o espetáculo da lança que sangra. Como se o evento fosse impressionante demais, agonizante demais e tivesse automaticamente de ser reprimido. Esse silêncio de garoto bem educado, que tenta agradar à mãe, provoca a continuação do sofrimento do Reino. Como diz o analista Bernard Sartorius: "É-lhe pedido para deixar de ser 'correto', para ser adequado em outro nível."* Mas para ser adequado em outro ní-

---

* Sartorius, Bernard. *Op. cit.*

vel, respeitando a totalidade de seu ser, um homem precisa de seus instintos; ele não pode deixá-los no armário com seu guarda-chuva. O silêncio do masculino em relação ao que o abala nos mantém no marasmo.

O filme de Boorman liga a doença do Rei aos flagelos que afetam a região. O país tem falta de água, as terras não produzem mais, a peste e a barbárie reinam. É a própria vida que está doente devido à falta de envolvimento do homem, devido ao seu silêncio. A espiritualidade "azul" leva à desencarnação, ao abandono das coisas da terra. Perceval poderia curar o Rei fazendo uma simples pergunta, fazendo ouvir sua voz, ou seja, enfrentando o problema. Da mesma maneira, poderíamos curar nossa masculinidade desencarnada e os problemas que ela provocou. É hora de falar, de curar nossa divisão interna voltando a ser um só com nosso ambiente. É hora de redescobrir com os taoístas e os alquimistas que "o que está em cima é como o que está embaixo".

Porém, Perceval não é um filho não iniciado. A corte do Rei Artur lhe permitiu refinar sua masculinidade. Ele aprendeu a se controlar e a se dominar; tornou-se "viril". Mas já há algo ausente nessa iniciação. Fabricou-se um homem heroico, um macho de armadura e de fachada. O masculino foi construído apenas do lado externo. A iniciação de Perceval corresponde à iniciação masculina que prevalece desde então. Os homens devem aprender a não chorar, a disciplinar-se, a rivalizar e a conquistar. Essas são as etapas constitutivas da psicologia do homem, mas parece que deixamos algo essencial para trás ao passar do mundo tribal ao mundo dito civilizado. Para descobrir isso, vamos examinar mais de perto como eram realizados os rituais de iniciação dos adolescentes nos povoados antigos.

Nas entranhas da Terra

A iniciação tribal

Como mencionei no primeiro capítulo, a iniciação tribal dos adolescentes era um ritual bastante disseminado e muito elaborado. Esse rito ajudava os jovens a tornarem-se os filhos de seus pais. Assim, ele tinha como objetivo oficializar a separação da mãe, e fazer de um adolescente um homem.

Para o antropólogo Victor Turner, a iniciação representa um estado interestrutural entre uma estrutura social e aquela que a seguirá, mais precisamente um não estado, um meio-termo. Para a tribo, os iniciandos simplesmente deixam de existir, tornam-se invisíveis; fala-se deles, até em sua presença, em terceira pessoa, como se não estivessem ali. Eles não têm mais sexo e são considerados andróginos. Ademais, são descritos e tratados como mortos ou fetos. É por isso que eles se cobrem de cal, lama ou cinzas, simbolizando assim seu retorno à terra, seu retorno ao mundo dos mortos. Eles devem morrer em um estado para renascer em outro. As iniciações escolares ou as despedidas de solteiro aliás mantiveram o tema da "conspurcação", ainda que seu sentido profundo tenha se perdido.

Aqueles e aquelas que são iniciados representam, de fato, a margem de uma sociedade, são mantidos a distância temporariamente antes de serem readmitidos em sua nova identidade. Então, é verdadeiramente uma nova pessoa que se reintegra, um ser que falará de si mesmo quando criança como se tratasse de outro.

O rito de passagem dos adolescentes segue os processos biológicos humanos, tal como o nascimento. O ritual oferece uma forma exterior e visível a um processo interior e conceitual. "Em várias sociedades, os símbolos da iniciação são tirados da biologia da morte, da decomposição, do catabolismo e de outros processos físicos que têm um aspecto negativo, como a menstruação (frequentemente vista como a ausência ou a perda de um feto) [...] O neófito pode ser forçado a se deitar, imóvel, como se fossem enterrá-lo, pode ser pintado de preto, ou forçado a viver por um tempo na companhia de indivíduos mascarados e monstruosos que representam, entre outras coisas, os mortos, ou pior, os mortos-vivos. A metáfora da dissolução é frequentemente aplicada aos neófitos: é permitido a eles se sujar ou se identificar com a terra, a matéria comum para a qual todo indivíduo específico voltará [...]".*

---

* TURNER, Victor. *The forest of symbols*. Citado por Jan O. Stein e Murray Stein, em "Psychotherapy, initiation and the midlife crisis", em *Betwixt & Between: Patterns of masculine and feminine initiation*. Publicado sob a direção de Louise Carus Madhi, Steven Foster e Meredith Little, La Salle: Open Court, 1987, p. 292.

Pode-se ver como, por sua referência aos processos biológicos e naturais da Terra e do metabolismo humano, esse modo iniciático rompe nitidamente com aquele que seguiu Perceval. A iniciação de Perceval concerne só o aspecto caçador e guerreiro do homem, ela lhe deixou escapar a realidade do corpo e a implicação de viver na matéria.

Porém, a iniciação dos caçadores acontecia também no interior da Terra. O mitólogo Joseph Campbell, falecido em 1987, acreditava que as cavernas pré-históricas, tais como Lascaux ou Pech-Merle, eram verdadeiros livros de aprendizagem. Por meio das cenas pintadas diretamente nas paredes de pedra, os neófitos aprendiam como caçar e matar respeitosamente os animais, os senhores da Terra.*

A iniciação tribal permite a sujeira, que é indispensável ao rito. Comparada à secura das espadas, ela é úmida. É por isso que a lança do Graal sangra: o masculino seco e cortante deve ser mergulhado na umidade do sangue e da decomposição para renascer. Os homens, justamente por não menstruarem e não poderem dar à luz, têm ainda mais necessidade de serem aproximados dos processos biológicos e naturais da morte e do renascimento.

A cultura atual testemunha a necessidade de tais ritos de passagem e da catástrofe espiritual que representa a perda deles. Os adolescentes de hoje, pela androginia que exibem, por essa inclinação para a monstruosidade dos penteados e dos apetrechos, pelas roupas engenhosamente furadas ou rasgadas que usam, e por sua negligência quanto à higiene, repetem sem saber os temas iniciáticos. O problema é que os pais não compreendem a sede inconsciente de iniciação que se exprime desse modo. Os jovens vivem uma transição, uma etapa iniciática. Exploram as margens de sua identidade futura.

Em uma sociedade de espetáculos e de imagens como a nossa, essa iniciação se limitará em geral à imitação passiva de qualquer personalidade famosa. A iniciação ancestral foi esvaziada de seu conteúdo, e sobretudo da *participação*, no sentido sagrado, do universo ao qual ela conduzia o neófito por meio de provas que marcavam até mesmo sua carne.

---

* Campbell, Joseph e Moyers, Bill. *The power of myth*, Doubleday, Nova York, 1988, p. 81. (Edição brasileira: *O poder do mito*. São Paulo: Palas Athena, 2012.)

Do púbere ao homem: a mutilação

A presença da mutilação nas iniciações tribais é uma realidade desconcertante. Apesar de a literatura afirmar que ela é praticada com gestos "delicados e cruéis ao mesmo tempo" pelos pais da tribo, sua aparente barbárie enoja nossa sensibilidade moderna. Ela tem outra razão de ser além de garantir a autoridade dos pais sobre os filhos? Qual é seu papel em nível psicológico?

A iniciação tem o objetivo de reforçar o ego masculino, consolidá-lo, e a mutilação expressa a submissão ao princípio masculino. Nessa submissão do iniciado ao sofrimento provocado pelo pai, é preciso ver um ato de amor masculino que significa a morte do filhinho da mamãe. A dor da mutilação expressa a dor do iniciado ao ter cortado o elo que o liga a sua mãe. Essa mutilação se torna uma conquista do contato com o masculino ctônico, selvagem, o masculino das profundezas da Terra.

O filósofo Gustave Thibon afirma que, ao amenizar nosso sofrimento, reduzimos na mesma proporção nossa comunhão interior e direta com a realidade. Segundo ele, trata-se de uma lei inexorável, e Stephen Shapiro acrescenta: "Os homens que são incapazes de sofrer permanecem pueris, exilados da realidade do contato humano e esvaziados de interesse pelo mundo que herdam."* Eis um julgamento severo em relação a nossa busca incessante pelo conforto!

Falei de Adrien-o-herói que, mesmo tendo uma carreira artística internacional de sucesso, sentia-se extremamente sozinho. Ele sofria de uma perda de contato com a realidade. Alienado de toda relação amorosa, sua vida não tinha mais sentido, a seu ver. Eu constatei que ele estava completamente separado de seus sentimentos e totalmente refugiado em sua cabeça. Eu o encorajei então a trazer à tona suas emoções. Veio-lhe então a imagem de um homem hermafrodita, esfolado vivo, acorrentado e suspenso no vazio por fios de aço. Após ter desenhado essa imagem, ele explodiu em soluços; acabava de ter contato com seu próprio sofrimento. Ele descobriria na sequência que aceitar sentir, que aceitar sofrer lhe devolvia

---

* Shapiro, Stephen A. *Op. cit.*, p. 66. (Ele cita Gustave Thibon.)

uma comunhão perdida com os outros. Sentiu-se todo "revigorado", e percebeu que até sua técnica artística havia melhorado. Ele tinha reencontrado o sentido do mundo.

O sofrimento, aquele que recebemos e aquele que provocamos, é um dado fundamental da existência. Aceitamos as alegrias sem questionar, mas recusamos acolher o que nos faz mal; o gesto dos pais tribais tenta dar um sentido a essa dimensão inevitável da vida humana. Para eles, não só o sofrimento não pode ser evitado, como também o sacrifício que ele representa faz parte dos elementos estruturais do cosmos.

Por trás de sua aparente brutalidade, a mutilação expressa uma verdade muito simples: para tornar-se um humano de verdade, é preciso aceitar entrar no mundo das contingências onde nada nos será poupado, como se a matéria humana tivesse de ser corrompida e aberta para liberar sua essência. No entanto, matar a infância inconsciente e unitária do filho, não é para fazê-lo herdar um mundo absurdo; o objetivo dessa iniciação que imita tão bem o nascimento é fazê-lo entrar em uma unidade mais vasta, em um cosmos expandido. Desse modo, ele se torna responsável, ativo e participante de tudo. Seus atos têm, a partir de então, peso na continuação do mundo.

A grande diferença entre a mutilação que o Rei Pescador sofreu e aquela que é praticada em iniciações tribais reside no fato de que esta última é voluntária, enquanto a primeira é passiva. A primeira se revela uma ferida narcísica infligida por mãos traidoras, enquanto a segunda é realizada ritualmente; a mutilação tribal é encarregada de transmitir um sentido que ultrapassa tanto o mutilador como o mutilado. O rito de passagem ancestral está de acordo com as leis fundamentais da psique, que exige que o ego sacrifique seu reino cego para se abrir ao universo.

Quando o rapaz abandona o modo passivo-receptivo, ele deve encontrar a outra face da realidade. Aprender a sofrer, a tolerar o sofrimento e a infligi-lo, se necessário, permite furar a bolha de dependência confortável que se tenta formar em volta de si. A mutilação provoca um contato violento com a realidade do universo, que é frequentemente poupada aos homens enquanto vivem sob o olhar das mães, qualquer que seja sua idade.

Nascer pelo sangue do pai

Para os iniciadores, trata-se de fazer os jovens adolescentes passar do *status* de púbere ao de adulto. Ou seja, explicar-lhes, transmitir-lhes, e, sobretudo, fazê-los experimentar pela primeira vez o fato de ser "homem". Os aborígenes australianos, por exemplo, imitam o primeiro nascimento. "Eles constroem um túnel de galhos e arbustos ao longo de seis a nove metros e, no momento oportuno, fazem os garotos entrar ali. Após muito alarde e gritaria, eles os acolhem de braços abertos na outra ponta e os declaram solenemente homens, "renascidos" pelo corpo do homem, com um novo espírito e um novo corpo."*

Enquanto o primeiro nascimento é nutrido pelo leite da mãe, o segundo é um nascimento nutrido pelo sangue do pai. Para os anciãos da tribo dos Kikuyu, na África, trata-se de assumir o papel de "homens alimentadores". O ritual descrito a seguir ilustra bem essa ideia: sentados em círculo com o jovem iniciado, os pais da tribo, um de cada vez, com a mesma faca bem afiada, fazem um corte no braço e derramam um pouco do próprio sangue em uma tigela. Os adolescentes bebem em seguida o sangue dos pais e tornam-se "homens".** Eles nascem pelo sangue, "renascem" pelo corpo do pai. Que modo impressionante de ser acolhido na comunidade masculina!

Essa ideia do "pai alimentador", que dá à luz por meio de seu corpo, parece-me essencial; ela aponta para a falha de nossa cultura. Hoje, nascemos apenas pelo cérebro do pai. Somos iniciados somente no pai espiritual, na lei, nos princípios e nas regras. Por conta da ausência de nossos pais, ficamos nós mesmos ausentes do corpo, desencarnados, cabeças ambulantes dissociadas de suas sensações físicas. Permanecemos separados da vitalidade corporal, do sangue, e tememos as mulheres que têm a infelicidade de estar um pouco demais "na carne". Porém, a presença no corpo é a própria raiz da presença no mundo.

---

* Bly, Robert. "Iniciações masculinas contemporâneas", na revista *Guide Ressources,* vol. 4, nº 2, Montreal, novembro e dezembro de 1988, p. 29. (Artigo traduzido do inglês por Jean-Guy Girouard.)

** *Ibid.,* p. 29.

Para usar uma expressão criada pelo psicanalista Jean-Charles Crombez, o corpo é "transpessoal". Ele tem, assim como o espírito, o poder de nos ligar ao cosmos. A necessidade de sobreviver em um ambiente difícil havia ensinado aos povos antigos que um homem deve ser ligado ao universo pelos pés e não somente por uma representação mental. Mais uma vez, a espiritualidade "azul-celeste" de nossa sociedade deve se enriquecer de uma espiritualidade vermelha, que vem das profundezas terrestres.

Durante uma de minhas conferências, um homem pediu a palavra e falou de um projeto que ele tinha iniciado com dois ou três amigos, todos pais de adolescentes de 12 a 16 anos. Eles pretendiam se reunir em torno de uma fogueira, em um bosque, uma tarde, e conversavam com seus filhos sobre a "vida", a sexualidade, as dificuldades com que se tinham deparado e as alegrias que haviam vivido.

Estou convencido de que a criação de momentos como esse, simbólicos e privilegiados, pode contribuir para fundar a identidade dos jovens homens. Eles poderão, enfim, sentir a filiação. Os pais sairão do silêncio para lhes transmitir algo. Demonstrando que eles são dignos dessa atenção, os pais confirmam a seus filhos seus *status* de homem.

A palavra que compartilha, a palavra que acalma, a palavra que revela, aquela que confirma, ainda que breve, é um elemento fundamental de tais eventos iniciáticos. Lembremo-nos do eloquente "Pedro, você é pedra, e sobre essa pedra construirei a minha Igreja" que Cristo pronuncia perante seu primeiro apóstolo. A quebra do silêncio, o desembaraço por parte do pai é um gesto de um alcance incalculável para o filho. Pouco importa a humildade da palavra ou a idade dos protagonistas, desde que essa palavra seja verdadeira e não enrijecida por um princípio qualquer. Infelizmente, em várias histórias de homens, essa abertura dos corações só acontece, bem frequentemente, *in extremis,* diante do pai à beira da morte. A tarefa do pai iniciador não seria a de se escorar em um modelo de perfeição ou em uma atitude artificial de "pai forte". Muito pelo contrário, apenas a partilha por parte do pai de sua simples humanidade pode introduzir o filho à vida e livrá-lo da obrigação de ser um deus ou um malfeitor.

6

Depressão benéfica

A sede de iniciação

A iniciação é uma porta aberta para a realidade. Mas hoje a ausência do pai reflete-se em nível coletivo na ausência de rituais que ajudem os homens a passar da adolescência à idade adulta. Tornar-se um homem requer então todos os tipos de contorções, uma mais dolorosa que a outra. Os ritos de passagem modernos são inconscientes, vão do acidente à depressão. Exatamente como a iniciação ancestral, entretanto, eles enfocam a quebra do ideal passivo e a assimilação daquilo que desprezamos ou daquilo que nos causa medo.

Como acidentes, divórcios, úlceras e falências se encarregam de iniciar os homens

Na maioria das vezes, os homens decidem "fazer análise" após um evento traumático. Um foi posto para fora de casa por sua mulher, que exige o divórcio, e ele teme perder a casa, ou até mesmo a razão! O outro sofreu dois acidentes de carro na mesma semana. Outro ainda desenvolveu uma úlcera por trabalhar demais; o penúltimo teve de declarar falência, e o último constatou, surpreso, que sua vitalidade sexual não era mais como antes.

Enquanto as mulheres vão se "consultar" porque têm consciência de uma inquietação interior, os homens, eternos heróis que acreditam sempre poder se virar sozinhos, procuram a terapia apenas quando acabam de sofrer o que se convencionou chamar de infortúnio do destino. É no meio da crise, no momento em que tudo desaba, que eles reagem. Em geral, esperam secretamente que a terapia os ajude a se recompor sem que tenham de questionar a si mesmos. Pensam que estão levando sua psique a uma oficina mecânica, esperando que o analista a conserte sem que isso lhe cause muito aborrecimento ou que saia muito "caro". A tarefa é longa para conseguir fazê-los aceitar que tiveram um papel em seu destino desfavorável e que, na verdade, talvez até o tenham buscado inconscientemente. Na análise, seus acidentes aparecem com muita frequência como um modo de pôr fim em uma adolescência prolongada. Poderíamos dizer que essas diversas "mutilações" expressam uma sede inconsciente de ser iniciado. O papel da terapia será o de dar um sentido iniciático a todo sofrimento vivenciado.[*]

A sede inconsciente de iniciação de um homem de 30 anos

Retomarei aqui, mais detalhadamente, a história de Julien.

Julien tinha vindo se consultar comigo após o nascimento de seu primeiro filho, um menino do qual ele tinha muito orgulho. Era um homem de 30 anos, muito simpático, charmoso até, com uma boa educação e boas maneiras. Ele era casado com uma mulher de sua idade, que tinha seguido os mesmos estudos que ele. Muito consciente dos novos valores de casal, ele dividia de boa vontade a metade das tarefas com ela.

Julien vinha de uma família burguesa europeia, da qual fugiu assim que completou 20 anos, imigrando para Quebec. Ele desprezava seu pai, um homem muito autoritário, que se ausentava frequentemente por causa de seus negócios. Sua mãe era uma mulher dependente e depressiva que tinha feito do filho o confidente de sua infelicidade e das traições do marido.

A mulher de Julien, competente e competitiva, conseguia mais contratos que ele, fato que o fazia se sentir humilhado. Fantasias sexuais sádicas o perturba-

---

[*] Eu gostaria de observar quanto a isso que me inspirei no conceito de "initiation hunger" desenvolvido por Anthony Stevens no livro *Archetypes: a natural history of the self. Op. cit.;* ver o capítulo intitulado "Personnal identity and the stages of life", pp. 140-174.

vam, nas quais ele acorrentava mulheres em um porão. No primeiro sonho que me contou, ele se encontrava no leito de sua companheira, que havia morrido! Ele afirmava, porém, que tudo ia bem na vida do casal.

Com o passar dos meses, seu sentimento de abandono se intensificava, sentimento que era agravado pela atenção que sua esposa dedicava ao filho deles. Quando a frustração se tornava insustentável, Julien tinha crises de raiva. Nas primeiras crises, ele destruiu objetos que lhe pertenciam (um quadro de que gostava muito, uma estante de livros), depois a raiva chegou à cozinha. As simples trocas de injúrias do começo passaram rapidamente ao inevitável: ele bateu em sua mulher algumas vezes, ameaçando matar-se junto com o filho, caso ela contasse a alguém o que havia acontecido. O casal, então, se separou.

Assisti, impotente, a essa evolução da violência. Qual era a origem da fúria repentina que o perturbava e por que, mesmo com a melhor boa vontade do mundo, ele não conseguia controlá-la? Julien, confidente privilegiado de sua mãe, distante de seu pai, havia se tornado prisioneiro do mundo materno. Ele não conseguia aceitar que sua mulher-mãe preferisse outra pessoa.

Tramitou na justiça um processo pela guarda da criança. A mãe, desejando a guarda exclusiva do filho, exagerou nas acusações. Julien era descrito por ela como um homem patologicamente violento que contaminaria inevitavelmente seu filho, embora, na realidade, Julien tivesse uma excelente relação com a criança. Porém, temendo que lhe atribuíssem o rótulo de "homem violento", seu primeiro reflexo foi esconder de sua advogada as violências reais que haviam acontecido. Eu achava tal fato inadmissível e me permiti lhe dizer isso abertamente, transgredindo assim as regras da psicanálise. Reagi de uma maneira totalmente paternal, sem dúvida! A meu ver, se ele agisse daquele modo a fim de evitar ser malfalado, Julien nunca conseguiria se livrar de sua culpa; ele correria o risco de viver com um desequilíbrio patológico pelo resto de seus dias. Eu lhe aconselhei a confessar tudo a sua advogada; ele devia assumir o que tinha feito, mesmo se sentisse a vergonha o consumindo da cabeça aos pés ao contar a verdade.

Essa confissão vergonhosa representava para ele a mutilação simbólica de que precisava para sair da adolescência. Ele devia admitir que não era apenas o jovem homem educado que todo mundo admirava. Ele era culpado, havia batido na mulher. Por fim, o tribunal, após pedir uma investigação, verificou sua excelente relação com o filho, e concedeu-lhe a guarda partilhada.

Durante esse mesmo período, Julien começou a estudar para obter um diploma de Direito. Eu via isso com bons olhos, convencido de que ele aprenderia a exercer sua necessidade de poder sem ter de recorrer à violência. Simbolicamente, tratava-se de uma aproximação com o mundo tão desprezado do pai. Como os estudos de Direito exigem muita disciplina e uma perseverança significativa em razão da forte concorrência praticada nessa área, ele não teve mais tempo livre para se perder em humores depressivos e fantasias eróticas. Tampouco para ter intermináveis e frequentemente amargas conversas telefônicas com sua ex-esposa.

Essa passagem pelo mundo do pai, enquanto um veredicto do tribunal não era dado, lhe foi muito benéfica. Foi um duro período de solidão. Ele precisou aprender a reconhecer e a aceitar suas necessidades reais, apesar dos limites que as necessidades afetivas lhe impunham. Por exemplo, na escolha de uma nova parceira, ele teve de considerar e manter em mente sua grande vulnerabilidade e seu medo de ser invadido. Ele encontrou a força para terminar seus estudos e começar uma relação satisfatória com uma nova companheira. A companhia de seu filho tornou-se uma fonte intensa de conforto, apesar dos vários sacrifícios que a guarda de uma criança pode implicar. Seu confronto violento com a lei do pai havia lhe permitido sair da adolescência e aprender a sentir suas verdadeiras necessidades.

A solidão

É interessante notar o quanto a solidão que esse homem se impôs voluntariamente se mostrou formadora. Nesse âmbito, Jerome Bernstein, um analista junguiano, sustenta que se não for desenvolvida uma capacidade de viver sozinho e fazer seu próprio ninho, um homem não pode viver com uma mulher sem fazer dela sua mãe, ou seja, sem depender dela maternalmente. Psicologicamente, um homem deve sentir que possui um "lar" dentro de si mesmo. Caso contrário, ele exigirá que suas parceiras lhe forneçam um.[*]

---

[*] BERNSTEIN, Jerome S. "The decline of masculine rites of passage in our culture: the impact on masculine individuation", em *Betwixt & Between: patterns of masculine and feminine initiation*. Publicado sob a direção de Louise Carus Madhi, Steven Foster e Meredith Little, La Salle: Open Court, 1987, p. 140.

Culturalmente, vivemos em uma sociedade extrovertida onde há pouco lugar para a solidão e o silêncio. Preenchemo-nos a todo instante com conversas, filmes, espetáculos, programas de rádio e de televisão. Tememos constantemente não ficar a par de algo que tenha importância cultural ou política. Somos bulímicos da informação-espetáculo, obesos da cultura. Acabamos assim ingurgitando qualquer coisa, simplesmente para não ficarmos sozinhos com nós mesmos.

Vários de meus clientes são incapazes de passar algumas horas em solidão sem afundar na depressão. Um deles me confessou até que ficar um dia sozinho no campo havia se tornado para ele um verdadeiro ato de heroísmo. Esses homens têm medo da solidão e do silêncio que vêm cortar sua dependência. Eles receiam essa privação por medo de cair no vazio. Mas a solidão pode ser formadora, pois o indivíduo pode descobrir nesse momento que possui recursos com os quais não pensava poder contar. A solidão é iniciadora, visto que ela obriga um indivíduo a enfrentar e a superar seu próprio sofrimento. Os monges da Idade Média não diziam que a "cela" lhes ensinava tudo o que precisavam saber?

A febre de Maria

Permitam-me agora utilizar um segundo exemplo, desta vez pessoal. Em 1974, deixei, após vários anos, o teatro profissional e retomei os estudos com o objetivo de me tornar analista. Eu tive, então, um sonho que me impressionou muitíssimo. Eu o intitulei *Sonho de Maria*. Eis o relato dele:

> *Eu estou no seminário em que fui pensionista. Estou em uma fila com os outros. Acabamos de estudar para fazer uma prova. Estamos todos de blazer azul marinho e de calça cinza. De repente, sem razão aparente, deixo o grupo e fujo por uma porta lateral. Do lado de fora, a noite já caiu, e reina uma agitação louca. Eu me encontro logo nas profundezas da Terra, no fundo de grandes fendas que formam vastos corredores de rocha. Carrego uma tocha e conduzo uma tropa de homens. Andamos rápido, como se houvesse urgência. É um clima de revolução. Todas as vezes que encontramos outro grupo de homens, todos gritam: "Ma-*

ria", como se fosse uma senha. De repente, eu me encontro sozinho e me deparo com uma galeria bem iluminada onde corre um pequeno riacho. Uma velha mulher está pegando água dele para Maria, que está deitada no chão. Ela está doente, abalada por uma febre intensa. Eu me inclino para vê-la e, quando me levanto, meu rosto tornou-se o do ator italiano Rudolph Valentino.

O sonho me emocionou por sua energia e sua tocante simplicidade. Eu havia entrado em contato com meu lado feminino doente. Minha *anima* tinha febre e, no momento em que eu ia me dedicar a longos anos de estudos, ela me gritava que era alérgica à perseguição de meus ideais tipicamente masculinos, dos quais o lado feminino estava excluído. É sem dúvida por isso que no início do sonho, para entrar em contato com Maria, eu fugi dos valores masculinos tradicionais representados pelo seminário.

Apesar de ter ficado muito impressionado, não era, de maneira alguma, o caso de mudar meus planos: prossegui com meus estudos. Dois anos mais tarde, no fim de meu primeiro ano no Instituto C. G. Jung, de Zurique, fiquei gravemente doente. A febre de Maria havia se transformado em uma colite ulcerosa, doença *inflamatória* do intestino. Trata-se de um mal crônico que implica o uso de medicamentos por toda a vida, com sérios riscos de câncer do cólon. Fazia muito tempo que eu havia esquecido o sonho de Maria, e minhas crises voltavam toda vez que eu passava por períodos de estresse significativos. A última, no outono de 1985, durou cinco meses. Durante esses cinco meses, perdi sangue todos os dias e até várias vezes por dia. Por ter me tornado resistente aos medicamentos, minha doença passou a progredir. Entrei, então, em pânico.

De repente, entendi que nunca poderia vencer meu mal. Para me curar, era preciso que eu aceitasse minha doença como meu mestre interior ou, nesse caso, como minha mestra interior. Era preciso que minha razão se curvasse, que eu obedecesse, pouco importava o preço a ser pago, mesmo que isso significasse perder minha "honrosa" profissão. Decidi, na solidão de uma diarreia de sangue, porque estava desesperado e não aguentava mais aquilo, começar a escutar minha febre. Um sentido estava escondido ali; um deus se mantinha oculto naquela revolta silenciosa de minhas vísceras, eu precisava me submeter à minha "corporalidade". Nesse dia, coloquei de lado uma aberração que queria que meu corpo fosse uma entidade separada do resto de meu ser, um reles animal de carga ou uma máquina sem alma.

A doença me obrigou a tomar consciência de minha herança genética, esses traços profundos da evolução milenar que subsistem em nós e que não podemos transgredir impunemente. Dei-me conta de que o homem, para sobreviver, tinha primeiramente comido nozes, folhas, raízes, cereais integrais e frutas, e que esses eram os melhores tipos de alimento, aqueles que o organismo pode assimilar com mais facilidade. Por meio de meu corpo, eu redescobria a história da evolução animal. Nosso corpo é o produto de uma adaptação progressiva ao meio ambiente e é indissociável de seu nicho ecológico.

A cura, a superação de oito anos de indisposições que me tinham deixado esverdeado, fraco e anêmico foi fulminante. Depois de algumas semanas de uma dieta de alimentação natural,* parei de perder sangue e, após alguns meses, não tomava mais nenhum medicamento. Foi como nascer de novo, encontrei uma vitalidade e um prazer de viver que eu só tinha conhecido em minha infância. Passei tanto tempo calando minha revolta, com a convicção de que seria doente pelo resto de meus dias, que a sensação foi de ter voltado do mundo dos mortos.

Quando conhecemos tal enfraquecimento, recuperar a saúde tem um sabor indescritível. Aproveitamos mais plenamente a vida, cada instante torna-se precioso, o próprio pensamento da morte torna-se um companheiro positivo, um estímulo para viver mais desperto, para gozar de todos os instantes. A doença me devolveu a vida e, sem ela, eu nunca conheceria esse sentimento nem essa sensação entusiasmada de simplesmente existir, fortemente ligada ao corpo. Tenho a impressão de que o fato de estar vivo é uma bênção, e que estamos sobre a Terra essencialmente para nos dar conta dessa graça e celebrá-la. A doença me serviu como rito iniciático.

---

* Essa dieta me foi proposta pela dra. Blanche-Neige Royer Bach-Thuet, médica naturopata. Não posso deixar de considerá-la como minha "salvadora".

A depressão iniciática

Quando somos adolescentes, todas as possibilidades são dadas a nós, sonhamos em nos tornar tudo. Mas a realidade dos acasos e das escolhas que devem ser feitas nos obriga a tomar um caminho. Não somos deuses todo-poderosos, não podemos ser tudo. A vida nos compromete irremediavelmente, ela nos particulariza e nos individualiza. É o fim do herói coletivo, portador deslumbrado de uma causa idealista. É o fim da bela rebelião. Adeus vitela, vaca, porcos, galinha. O estrago já foi feito, é preciso viver.

O ideal destruído

A vida mutila de maneira selvagem nossos ideais, como se na prisão negra da existência material um segredo tivesse de ser descoberto, um segredo que parece ser revelado pelo sofrimento. A mutilação do acidente, como a da solidão ou do encontro consigo, representam uma saída do paraíso terrestre, nós somos assim expulsos do ventre da mãe-mundo. Onde você está, mãe de todas as bondades, da doçura infinita? Onde você está, vida fetal, tropical e doce? Por que é preciso viver com as armas na mão? Assim, uma brutal constatação emerge: não somos o filho adulado dos deuses, o filho divino, o eleito de todos os eleitos que tínhamos acreditado ser em imaginação. O destino ousou levantar a mão contra seu filho querido que, com a revolta no coração contra o céu que o abandonou, deve aceitar partilhar a imperfeição humana.

Eis a seguir o sonho que Gaston, 40 anos, apresentou-me, no momento em que sua mulher o havia expulsado de casa.

> *"Eu estou em um quarto, sentado sobre uma cama com meu cunhado; este me entrega um saco de lixo no qual vejo um presente que dei a minha mulher. Trata-se de uma escultura da qual gosto muito e que representa um castelo. Porém, o castelo está em pedaços, e me pergunto, perplexo, se devo tentar colar as partes."*

O castelo representa o ideal quebrado, transformado em cacos pela dureza da vida. Esse cliente sofre muito com a quebra da unidade familiar, essa célula original que ele estimava talvez mais na imaginação que na realidade. Ele tem todas as dificuldades do mundo em aceitar o fato de o destino acabar daquele jeito com a perfeição inicial, especialmente porque havia tido uma infância difícil com pais separados.

Para muitos, esse tipo de naufrágio será uma viagem sem volta; eles se tornarão cínicos, seu casco foi furado, não voltarão nunca mais à superfície. Porém, a depressão pode servir de trampolim para a mudança, desde que ela seja aceita e vivida plenamente, até as entranhas. É preciso aceitar passar pela desesperança para vivenciar o luto dos desejos impossíveis.

Quando tudo desaba

"Tenho a impressão de que alguém me jogou do Empire State Building, e pior, o edifício está caindo em cima de mim!" Foi o que disse um de meus amigos que veio me ver com urgência na hora do almoço. Ele nem sabia mais o que estava dizendo, estava aos prantos. Acabava de desabar após vários meses de sobrecarga de trabalho. Ele tinha acumulado milhares de dólares de dívidas em algumas semanas. E agora ele mal podia pôr um pé na frente do outro e não ousava mais sair de casa, de tanto medo que tinha.

A verdadeira peste negra de nossa sociedade se chama depressão. Um a um, vejo caírem pais, clientes ou amigos em um grande abismo; de um dia para o outro a falta de energia os acomete. Um dia antes estavam cheios de disposição, agora não têm mais força para ir trabalhar, porque as vertigens os mantêm em casa. Enfrentam, por sua vez, o vazio, a pequenez e a necessidade.

Todos acreditam que é apenas um momento ruim que passará logo, mas ele perdura! Eles então se rebelam. Costumamos lhes repetir que talvez seja o prenúncio de uma mudança para melhor, que estão vivendo esse *down* porque desrespeitaram sua própria essência, não há nada a ser feito! Eles até concordam, mas no fundo, não creem em uma só palavra. Assim que recuperam um pouco de energia, tentam pateticamente se reerguer e voltar ao trabalho, exibindo sua melhor forma, para afundar alguns meses mais tarde em um mal-estar ainda pior. Exaustão, gripes recorrentes, crises de bronquites que nunca passam, insônias, eles lutam contra sua natureza com a energia da desesperança, para não perder o prestígio, para mostrar aos outros que são "capazes de superar tudo isso". Se eles soubessem o quanto a doença mental de que fogem é bem menos grave do que aquela da qual são prisioneiros!

Eles recusam a transformação de seu universo habitual, rejeitam essa diminuição de seu heroísmo cotidiano. Temem os personagens que vislumbram em seus pesadelos: o infantil, o manco, o imbecil, o feio, o delinquente. Não se dão conta de que o espírito criativo aparece sempre sob seu aspecto deformado. O deus grego Hefesto, deus da criatividade, não era tão feio que sua mãe, Hera, o jogou do alto do Olimpo logo após seu nascimento?

A criatividade, a novidade em nós, apresenta-se frequentemente sob um aspecto horripilante, sob um aspecto rejeitado pela família e pela sociedade. Isso é representado no mito pelo gesto eloquente de Hera. Hefesto, o criador, está sozinho. Ele não participa da vida do Olimpo e do heroísmo dos deuses e das deusas; ele nos dá medo. Sua monstruosidade é, aliás, o espelho de nosso temor. A depressão de caráter criativo, como uma morte, enfoca sempre o indivíduo solitário. Ela o encurrala e o subjuga em particular, sem dúvida, quando ele abraça plenamente o ideal coletivo e sacrifica em razão disso sua própria individualidade.

A criatividade precisa da desordem crônica para existir. Quando tudo está em ordem, reina a estagnação. Porém, nossas desordens nos aterrorizam. Não cremos na presença de um deus, na presença de um sentido por trás da doença. Um amigo que sofria de uma úlcera severa ouviu sem rodeios de um médico psicossomático que sua doença era a parte mais sadia de sua personalidade. Sua úlcera o impedia de se perder em suas falsas ideias sobre si mesmo e o obrigava a viver segundo sua verdadeira natureza.

Ter medo da própria sombra

A maioria dos indivíduos não confia em seus recursos interiores, fica até aterrorizada diante deles. De fato, as pessoas em geral duvidam, antes mesmo de entrar na sala de um terapeuta, que possam fazer algo para melhorar sua vida. Mas têm medo; medo do que carregam em si, medo de seus desejos, medo de suas capacidades.

A sombra, que mostra seu rosto odioso na depressão, é uma parte de nós mesmos que julgamos inferior e que escondemos. A sombra é o irmãozinho obscuro que não queremos mostrar a ninguém. Na maioria das vezes, nós nos livramos dela projetando-a para o exterior, para os outros. Achamos que tal sujeito é hipócrita, que outro é bajulador ou preguiçoso. Trata-se de dimensões de nós mesmos que eliminamos para não vê-las. Elas acabam por nos fazer falta, e sua ausência empobrece nossa personalidade.

O que nos faz ter tanto medo de nossa sombra? Não é o fracasso de nossos belos sonhos de grandeza e de perfeição? Não é porque nos damos conta de que o que sempre denigrimos nos outros nos pertence também? Quando a bela imagem do ego desmorona, toda a personalidade é arrastada com ela na tristeza. O indivíduo descobre que não é perfeito. Ele percebe que seu ponto de vista não é absoluto, mas relativo. Um homem toma então consciência de suas necessidades interiores profundas: necessidade do outro, necessidade de amor, necessidade de afeto e de compreensão. Então a pseudoindependência dá lugar à dolorosa constatação de uma dependência extrema. Quando entendemos que ninguém nos deve nada, que somos responsáveis pelo que nos acontece e que não somos vítimas inocentes, tornamo-nos, de repente, responsáveis pela busca do lado possível de nossos desejos. Tomar consciência da sombra marca o fim do sonho impossível de um mundo mágico e empático em que todos nossos desejos seriam realizados sem que para tal tivéssemos de pagar com nossas vidas.

Na merda

Os alquimistas diziam que a matéria-prima de sua obra de transformação era aquela que todo mundo ridicularizava e desprezava. Consequentemente, certas representações mostram os pés no estrume. Evidentemente, esse estrume tem um sentido psicológico, visto que os alquimistas não buscavam o ouro comum, que chamavam de ouro do vulgar, mas sim aquele filosófico, aquele que nasce do trabalho em si. Em outras palavras, a obra de transformação interior começa quando estamos "na merda".

Um sonho de Gaëtan, o homossexual, ilustra bem essa realidade. Ele tinha dirigido sua agressividade contra si mesmo, porque seu pai, alcoólatra e violento, havia constantemente o denigrido. Ele sofria de uma tristeza profunda e, mais jovem, tinha tentado se suicidar algumas vezes. Não fiquei muito surpreso quando ele teve este sonho:

> *"Estou na cozinha da casa em que cresci, discutindo com minha mãe. De repente, um buraco se abre bem no meio do piso e vou parar no porão. Lá, há um macaco que brinca com um prazer evidente em dois imensos montes de merda. Fico totalmente enojado."*

Toda a vitalidade e o prazer de viver desse homem encontravam-se no inconsciente, e o macaco que se divertia nos montes de merda representava a sombra instintiva que ele sempre havia recusado. Aliás, esse macaco contrastava claramente com a postura impecável e as boas maneiras de Gaëtan. Infelizmente, esterilizando-se de forma exagerada, o ego havia se condenado à crise. Eu vi nesse sonho um bom prognóstico, pois a matéria-prima, ainda que repugnante para o ego, estava bem ali!

Roger, o homem do tigre, por sua vez, apresentou-me o seguinte sonho, do qual só revelo a primeira parte:

> *"Literalmente, me borrei nas calças. Estou com um grupo de pessoas e não posso sair, terei de continuar sentado e esperar com as pessoas que me rodeiam. Por fim, decido procurar um banheiro para me limpar. Procuro em toda parte; acho vários deles em diferentes edifícios em estado de decadência, mas os banheiros não têm vaso sanitário."*

O rei não tem mais o "trono" para se sentar! O ego está destronado, e tendo perdido sua posição confortável, Roger tem medo do que os outros vão pensar. Os prédios velhos e decrépitos, que Roger deve percorrer para se aliviar e se limpar, representam as velhas partes de sua personalidade, seu passado. São partes renegadas ao abandono que voltam lentamente ao estado selvagem, não civilizado. Delineiam-se aí as primeiras abordagens do país da sombra: o passado que deixamos para trás e as potencialidades não exploradas. A decadência dos edifícios designa "o quintal, o quarto dos fundos de uma personalidade", lá onde reina "a irremediável desordem" que nos esforçamos tanto para mascarar.* Porém, é aí mesmo que a alma está trabalhando, na merda e na podridão, "remexendo" os antigos elementos para transformá-los em novos.

O equilíbrio em nós

O astrofísico Hubert Reeves disse, ao longo de uma entrevista, que ainda não mensuramos a amplidão da catástrofe que reside no fato de conseguirmos dominar a natureza. Mais nada se opõe a nós. Porém, temos necessidade de algo que se oponha à nossa vontade, que não se curve a nossos desejos, para não ficarmos loucos.

O ego abalado

Acho que a doença representa esse algo que não se submete ao que queremos. Ela é preciosa, porque não a fabricamos; é um reflexo irrepreensível de nossa natureza mais profunda. A doença nos lembra que há um equilíbrio objetivo em nós. Do mesmo modo, a doença do meio ambiente nos lembra que há leis físicas que não podemos transgredir. São manifestações do Outro, da existência objetiva do mundo e da psique.

O elemento fundamental dos dois sonhos mencionados anteriormente se situa, aliás, na ação involuntária que os rege: o primeiro sonhador encontra-se, contra toda expectativa, no subsolo cheio de merda de sua própria casa; ao passo que o segundo perdeu o controle de seus esfíncteres. Esses movimentos involuntários simbolizam os movimentos autônomos da psique. Tomar consciência dessa autonomia do inconsciente é o que mais abala o indivíduo, porque essa noção significa o fim da ilusão de poder que satisfaz o ego.

---

* A esse respeito, ver o excelente artigo de James Hillman: "La Culture et la chronicité du désordre", em *La Petite Revue de philosophie*, vol. 9, nº 2, Longueuil: Collège Édouard-Montpetit, 1988, pp. 12-25.

A depressão durará enquanto o ego não abandonar suas pretensões de controle absoluto e não se permitir contar com seu parceiro interior. Ela persistirá enquanto o indivíduo não entender que ela representa claramente o motim das forças interiores que querem sinalizar ao capitão do barco que ele navega talvez seguindo as estrelas – os ideais coletivos –, mas que maltrata sua tripulação. A psique pede mais democracia.

Num piscar de olhos

Vivemos cada vez mais apressados, fazemos tudo num piscar de olhos. Mas por quanto tempo um indivíduo ou uma civilização poderão continuar acelerando dessa forma? Os desmaios e as vertigens do crescente número de deprimidos, em "perda de velocidade", dão uma resposta a essa questão. Os sintomas das pessoas que desenvolvem doenças em razão de seu estado mental, que a psicologia tenta reduzir a fatores pessoais e subjetivos, são de fato informações objetivas sobre o estado de saúde, ou melhor, sobre o estado de doença da nossa civilização. As condições da mente são o barômetro de nossa sociedade. Elas nos evidenciam que um equilíbrio objetivo, uma inteligência, está em ação no universo.

A depressão e a doença psicossomática são fenômenos fora de nosso controle, que vêm nos lembrar que não estamos sozinhos. Deveríamos acolhê-las como verdadeiros sábios que vêm enfim nos tirar de um mundo onde tudo é feito à nossa imagem. Para nos tornar reais, devemos nos dispor a escutar a realidade do outro. Ao reconhecer uma substância e uma inteligência naquilo que nos cerca e nos habita, ganhamos uma essência e uma realidade.

Informei anteriormente que o pai tem um papel fundamental na estruturação psíquica do filho. Bloqueando a concretização do desejo incestuoso, permite o nascimento da interioridade do filho, desfazendo assim a fusão entre o ego e o inconsciente. É precisamente isto o que a depressão vem fazer. Ela coloca o indivíduo em confronto com a realidade de seu interior ao frustrar suas tentativas de ação. Hoje, o ritual antigo se interiorizou; já que nossos pais são ausentes, nos cobrimos das cinzas da depressão para renascer.

7

O silêncio quebrado

Cura

Para sair da depressão ou curar a ferida do masculino, existem recursos práticos e psicológicos que é bom conhecer. Alguns procedimentos são individuais, outros concernem uma mudança coletiva de atitude. Todos visam melhorar a relação que os homens mantêm consigo mesmos e com os outros.

Desapegar-se de si

Aonde leva a integração da sombra? Aonde leva a passagem pela porta estreita da depressão? Aonde leva o esforço interior? Quando um indivíduo tem menos energia para enfrentar o mundo exterior, torna-se menos suscetível diante do que os outros pensam dele, seu sistema de defesa relaxa. Ele começa então a correr riscos e a se afirmar. Ele se dá conta, com surpresa, que em vez de ser rejeitado quando ocupa seu lugar, é respeitado. E se pergunta por que passou tantos anos se escondendo. Ao mostrar sua sombra, acaba por sair da sombra.

Ele nota também que há alguma objetividade nas circunstâncias de seu destino. Percebe que não há vergonha alguma em ter sido pobre em sua infância, ou em ter tido um pai alcoólatra. Sabe agora de onde vêm sua raiva e sua ansiedade. Sabe que seus humores têm uma história, uma história que ele entende e pela qual pode responder. Tomar consciência de suas motivações profundas e obscuras dá-lhe a possibilidade de parar de repetir incansavelmente os mesmos dramas sórdidos. Se não é responsável por seu destino objetivamente, tem a responsabilidade de tirar disso um sentido para sua vida.

O caminho da responsabilidade é o caminho da liberdade. Quando não se diz mais que o erro é dos outros, um mundo novo se abre para o indivíduo. Se entender e aceitar a si mesmo, ele se sentirá mais apto a aceitar as consequências de seus atos. Não terá mais necessidade de implorar a todo momento pela compreensão dos outros, ou de se mostrar servil para obter isso.

Mas ter consciência da sombra quebra para sempre o ideal de perfeição do indivíduo, e ele nota que nunca será "perfeito", que simplesmente não terá tempo de vida suficiente para mudar o que não gosta em si. Percebe do mesmo modo que a mudança não pode ser concebida como uma progressão horizontal e linear. Será ele realmente mais feliz quando for mais disciplinado ou dono de uma casa? Se não está satisfeito atualmente, com o que é no momento presente, poderá estar em um futuro distante? Será mesmo tão importante ser isso ou aquilo, desse ou daquele jeito? Não seria preferível mudar o ponto de vista e cultivar uma atitude de aceitação global do que se é? Paradoxalmente, a mudança em geral se torna possível quando não nos prendemos mais.

O desapego de si permite a um indivíduo sentir profundamente a existência, as pessoas que o cercam e sua própria personalidade. Longe de produzir um distanciamento da vida, o desapego permite mergulhar profundamente em si mesmo. O homem que toma consciência de sua relatividade toma ao mesmo tempo consciência da relatividade dos outros. Em um mundo onde não precisa mais andar pisando em ovos, ele pode respirar. Consciente de sua sombra, ele não teme mais que os outros se transformem em tigres agressivos e lhe pulem no rosto. Ele pode desfrutar do jogo das interdependências.

A grande lição da passagem pela sombra é a tolerância. A descoberta de sua própria vulnerabilidade torna a pessoa mais tolerante às fraquezas das pessoas que fazem parte do seu convívio. Sua própria necessidade de ser ouvido e de receber atenção o incitará a dar isso aos outros. A constatação de sua irremediável dependência lhe permitirá suportar as necessidades dos outros em relação a si. Ele parará de ser tiranizado pelas demandas das pessoas que o cercam, mas parará também de tiranizá-las com as suas. O mundo da gratidão se abre para ele, porque descobre que ninguém lhe deve nada e que apesar de tudo, gratuitamente, alguém estendeu-lhe a mão.

O diálogo interior

Guillaume, um ruivo alto com a estatura de um viking, chega a sua sessão triste, deprimido e agressivo. Naquela manhã, sua parceira se mostrou fria, pouco compreensiva e apressada para ir trabalhar. Ele está imerso em sentimentos negativos. Se continuar subjugado por eles, permanecerá fechado e agressivo até que sua parceira se dê conta, de uma maneira ou de outra, de sua falta de atenção. Por outro lado, se ele recuar um pouco, poderá então dialogar com seu mau humor, isto é, deixá-lo se exprimir por meio de imagens.

Para Guillaume, as imagens que apareceram espontaneamente foram lembranças de infância. Ele se via reclamando furiosamente por não ter tido a chance de frequentar uma escola, ou nervoso, porque sua mãe demonstrava preferência por seu irmão. Assim ele se deu conta de que interpretava a situação que vivia com sua parceira utilizando o filtro do passado. Atribuía à companheira sentimentos que não pertenciam a ela, que eram seus. Ele a acusava de estar mais fria e mais distante do que ela havia sido.

Sua tristeza não desapareceu por completo – ele ainda precisava se explicar para sua companheira –, mas parou de viver aprisionado no silêncio raivoso de sua decepção. Pôde respirar de novo, ao ganhar um pouco de liberdade interior. Essa objetivação lhe permitiu, na sequência, contar sua necessidade real a sua parceira, em vez de perder seu tempo com reinvindicações raivosas. E permitiu-lhe, ao mesmo tempo, entender também que aquela era uma parte especialmente vulnerável de sua personalidade. Sua parceira não era responsável pelo seu passado, ele precisava aprender a se consolar sozinho.

Possuímos a incrível possibilidade de poder tomar consciência do que vivemos, a todo instante, por meio das imagens. Quando pensamos nisso, essa simples capacidade de objetivar nossos estados de espírito é a característica que mais nos diferencia do animal. Ela significa que não estamos mais ligados totalmente aos automatismos da espécie. E mostra-se um fator de evolução providencial.

A terapia

A psicoterapia é um dos meios a que mais se recorre para tratar problemas de ordem psicológica. No entanto, seja terapia junguiana, psicanálise pura e simples, ou qualquer outra forma de terapia: *não há método mágico!* Não há amadurecimento psicológico sem um longo e lento esforço interior. Mesmo que uma terapia breve possa resolver uma crise, não se pode esquecer que a meta em longo prazo de toda terapia que se respeite é o desenvolvimento no indivíduo de uma capacidade de relação espontânea consigo mesmo e com os outros. É ilusório pensar que podemos corrigir em alguns meses o que levou anos para se consolidar.

Mas qual terapeuta escolher? Um homem ou uma mulher? Espontaneamente, visto que é da identidade masculina que falamos aqui, eu diria um homem. Mas é possível que a relação de um indivíduo com seu pai esteja tão prejudicada, que ele nutra tanta desconfiança pelo sexo masculino que é incapaz de começar um processo terapêutico com um homem. Nesse caso, é melhor iniciar as sessões com uma mulher e, mais tarde, se for o caso, trabalhar com um homem.

Por outro lado, uma terapia, para ser eficaz, deve tocar o mundo das emoções. Se ela não o sensibilizar, em um sentido agradável ou desagradável, é porque não vale a pena. Os núcleos dos complexos são afetivos e, para se beneficiar da vitalidade contida neles, é preciso tocar nos sentimentos. O que torna a terapia difícil, complicada e dolorosa é nossa resistência em aceitar o que vem do fundo de nosso ser.

Na terapia, não se trata apenas de "tomar atitudes", mas sim de se permitir ouvir as diferentes almas que nos habitam. Ao permitir que venha à tona o que há dentro de si, ao se libertar cada vez mais, um indivíduo reencontra seu centro. Ele retoma assim o curso de sua vida.

A terapia enfoca na exploração do mundo psíquico e essa exploração, por sua vez, o aproveitamento por um indivíduo de sua natureza objetiva, que ele estabeleça uma *relação viva* consigo mesmo. Ela não tem como objetivo a perfeição. Como já mencionado, é impossível mudar tudo o que o gostaríamos de mudar em nós. Se for importante melhorar, o maior progresso é aquele que permite a um indivíduo começar a "se amar tal como é". Trata-se, então, muito mais de uma mudança de atitude que de uma mudança de comportamentos. Nossos comportamentos são nossa casca exterior; quando o coração muda, eles o acompanham.

A terapia, na melhor das hipóteses, deveria ser um ato de dessubjetivação, isto é, um ambiente onde se pode esclarecer suficientemente a vida pessoal e as próprias motivações para a partir daí perceber a estrutura comum e universal. "O íntimo é mundial", dizia o filósofo Gabriel Marcel. Como mencionado anteriormente, o desapego em relação a si que disso decorre permite a um indivíduo ficar livre de si mesmo. Ele pode penetrar sem temor nas múltiplas realidades de seu ser e de sua vida, e tirar proveito do milagre de ser humano e de viver.

Os grupos de homens

Não há apenas a terapia individual. No que concerne o reforço da identidade e da autoconfiança, um grupo de homens pode, como já citado, agir como um verdadeiro ventre simbólico em que pode acontecer o segundo nascimento, o nascimento pelo masculino.

O grupo tem a vantagem de desdramatizar os problemas. Ouvimos homens muito diferentes falar de experiências parecidas. Essas trocas tiram os homens do isolamento no qual uma separação, por exemplo, pode tê-los mergulhado. Dando-se conta de que os outros também têm problemas, lidar com a questão individual fica mais fácil. Essas trocas são, na maioria das vezes, bem frutíferas.

Infelizmente, grupos assim são pouco numerosos hoje em dia. É preciso, então, fazer o possível para obter esse resultado formando pares. Tais grupos de ajuda podem funcionar com ou sem especialista, mas quando se trabalha sem um especialista, é melhor formar um grupo com poucas pessoas.

As amizades masculinas

Muitos homens vivem cortados e isolados da comunidade masculina. Ter amigos homens e cultivar essas amizades é muito benéfico. A fragilidade constante da identidade masculina necessita da conversa entre amigos. A identidade nunca está garantida de forma permanente. Um homem sempre corre o risco de regredir em relação a sua identidade, recair na frieza, fechar-se ou refugiar-se em sua cabeça. Os amigos encorajam a presença no mundo; podem ser amigos com os quais se compartilhe atividades esportivas, refeições ou questionamentos psicológicos.

O olhar psíquico

Nos grupos de homens, notei que todos eram mais ou menos dependentes de um modelo inequívoco do masculino do qual nunca tinham tomado consciência. Felizmente, o desempoar do panteão grego, realizado entre outros pela psicossocióloga Ginette Paris* e pelo analista James Hillman, permite-nos vislumbrar outras maneiras de ser homem. Não se trata de regredir, mas de sentir o masculino eterno por trás das figuras antigas. Elas podem nos servir para avaliar as forças que deixamos na sombra e que poderiam nos indicar o caminho a seguir.

Acima de tudo, trata-se de se livrar da rigidez dos modelos e deixar que a alma se mova em nós, seja a alma guerreira, a alma sentimental ou a alma homossexual. O monoteísmo do pensamento ocidental fez de nós homens *desalmados,* em um sentido bem literal da palavra. É por isso que James Hillman fala em redescobrir o politeísmo da alma.

---

* Paris, Ginette. *Le réveil des dieux, la découverte de soi et des autres à travers les mythes.* Boucherville: Éditions de Mortagne, 1981, p. 332. (A autora trata, nesse texto, de Dionísio, Apolo, Hermes e Zeus no mundo contemporâneo.)

Ele emprega o conceito de "lente psíquica" para descrever o efeito que cada alma tem sobre nós. Certos dias, olhamos a vida com os olhos de um idoso, então tudo nos parece difícil. Outros dias, nós a vislumbramos por meio de um olhar adolescente, e tudo nos parece possível. Enxergamos às vezes com um olhar magoado, ou um olhar jovial. Algumas vezes, temos os olhos de um pensador, outras vezes, de um sensitivo. Trata-se de diferenciar esses olhares para que uma nova flexibilidade psíquica possa surgir. Podemos até mesmo conseguir escolher nossa forma de olhar de acordo com os acontecimentos. A diferenciação psicológica é a melhor garantia de liberdade.

Hoje, Ares, o guerreiro, mora em nós, mas, ontem, era Hermes, o diplomata, e, na semana passada, tratava-se de Apolo, repleto de equilíbrio e de sabedoria. As deusas nos visitam também. A bela Afrodite nos impregna de sensualidade; Deméter, a mãe generosa, torna-nos pacíficos ou mortalmente vingativos; Atena, a guerreira intelectual, padroeira das artes, inspira-nos; Perséfone nos torna discretos; Hera nos incita a ser heroicos; e Ártemis nos conduz, por sua vez, para a solidão dos bosques.

Todos nos chamam para entrar em suas danças. Eles podem nos trazer prazer e felicidade, mas podem também nos amaldiçoar. Só depende da nossa atitude. Cada um deles possui seu próprio mistério; cada um deles reina em uma dimensão do real e nos convida a desvendar a vida. Enquanto ignorarmos com quem dançamos, seremos como marionetes na ponta de um fio, agitados, mesmo contra nossa vontade, por mestres invisíveis.

O modo de conceber do politeísmo psicológico tem a vantagem de nos tirar do monolitismo de nossa atitude e de nossos pensamentos. Ele nos livra não somente da rigidez de nossas maneiras de viver o masculino, mas também nos livra da espinhosa questão das diferenças sexuais. Os deuses e as deusas se dirigem aos homens e às mulheres sem distinção. O politeísmo nos permite sair dessa ridícula divisão das qualidades entre os sexos que ainda persiste. Os homens são "fortes e intelectuais"; as mulheres são "sentimentais, sensíveis e vulneráveis". Por consequência, se um homem se encontra subitamente fragilizado e à beira do pranto, ele automaticamente se sente "menos homem". Como se, de uma hora para a outra, fosse lançado para fora de sua própria pele e se encontrasse diminuído, por se sentir mais "feminino". Há um terrível desprezo pela mulher em tal atitude. Infelizmente, trata-se de um desprezo comum, que aflige toda nossa cultura.

É fato que os homens devem recuperar sua agressividade interior. Mas o verdadeiro despertar dessa vitalidade não ocorre sem sua participação plena no mundo do sentimento e da emoção, dimensão que se encontra sempre atribuída à mulher. Hoje, os homens não precisam mais socorrer a mulher exterior, não podem mais lhe atribuir uma angústia que, na realidade, pertence a eles. *Cinderela* e *Bela Adormecida* falam da *anima* reprimida dos homens, de seu universo emotivo adormecido e desprezado, submisso e negligenciado.

A vulnerabilidade, os sentimentos, o intelecto, a força, a coragem não pertencem nem aos homens nem às mulheres. Eles são a herança comum da humanidade. A emoção pertence a todos os seres humanos. Como diz Maurice Champagne-Gilbert: "Não é com a conquista do espaço e com um superprogresso técnico que deveria se preocupar a condição masculina, mas com a conquista de uma nova relação com a vida para os homens, em que os valores tradicionalmente rotulados como femininos sejam reassumidos pelos homens como valores *de ser*."*

A importância fundamental da conquista de nossa identidade masculina reside no fato de que nos tornaremos, dessa forma, melhores seres humanos. A identidade sexual é um alicerce, nada mais que um simples modo de compreender a realidade. Trata-se, sempre, na verdade, de buscar a integridade como ser humano. Pouco importa se os mitos ou estereótipos são obstáculos no caminho.

"Paternizar-se"

Nossos pais estão ausentes. A organização social patriarcal que permitiu às gerações masculinas anteriores se manterem de pé estão desabando, e os ritos iniciáticos não existem mais. Porém, a sede por uma presença paterna continua presente em nós. Vivemos um problema de identidade que vai além de nós e para o qual os mais velhos têm somente uma resposta:

---

* CHAMPAGNE-GILBERT, Maurice. "La Famille survivra-t-elle ?", em *Le Devoir*, sábado, 12 de dezembro de 1987, p. A-9.

"Aguente firme, isso vai passar." Eles não entendem nem do que falamos. Alguns de nós encontram em uma carreira importante aos olhos do pai uma compensação para saciar seu vazio interior; outros têm a sorte de encontrar pais substitutos. Mas é preciso admitir que há muito tempo o desejo profundo de um reconhecimento pelo pai permanece no homem.

O luto do pai ideal e o perdão do pai real

Chegou a hora, então, de pararmos e pensarmos em nossas expectativas em relação ao pai. Nosso desejo é insaciável, porque no fundo procuramos um reconhecimento por um pai arquétipo, um pai que teria todas as qualidades possíveis e imagináveis. Gostaríamos que ele fosse esportista, capaz de nos iniciar no exercício físico. Gostaríamos que ele fosse um amante da natureza e nos iniciasse na caça e na pesca. Idealizaríamos que ele fosse intelectual e nos incentivasse a ler e a refletir. Queríamos que ele fosse artista e nos abrisse os olhos para as maravilhas do imaginário. Gostaríamos, às vezes, que ele fosse um pai autoritário e firme, um pai-companheiro...

Na verdade, tais exigências ultrapassam as capacidades de qualquer ser humano. Exigimos de nossos pais o que eles não podem nos dar. Eles não são deuses, são homens. Além disso, as iniciações tribais ancestrais não eram uma responsabilidade apenas do pai pessoal, mas *dos* pais da tribo. Um homem precisa de vários modelos masculinos para alcançar sua própria individualidade.

O filho adulto deve aceitar o luto por seus ideais de paternidade. Nesse luto, ele aprenderá a preencher o vazio deixado pela figura paterna por meio da criatividade. Passar do filho ao homem significa parar de se queixar e de clamar por esse pai ideal, para permitir a si próprio ser clamado por esse ideal. A tarefa daqueles que sofreram com a ausência do pai é se tornar o pai que desejavam ter. Que se tornem os pais de crianças reais ou de crianças culturais, pouco importa. No domínio psicológico, diríamos que só podemos dar realmente aquilo que não recebemos. É aí que reside o mistério da criatividade humana.

O psicanalista Stephen Shapiro afirma: "Percebemos que aceitar sofrer o fim de uma ilusão de solicitude perfeita [por parte de um pai] é o que permite a um homem emergir do buraco deixado pelo pai ausente e pre-enchê-lo com sua própria presença."* O vazio produzido em nós por pais falhos nos dá a chance de nos tornarmos homens; desde que isso acabe com nossas perpétuas lamentações e que faça com que prestemos a nós mesmos os cuidados e a atenção que esperamos em vão.

É difícil para nós perdoar nossos pais, porque nos parece que eles foram simplesmente relapsos, que nos traíram e abandonaram. Na realidade, na maioria das vezes, eles fizeram o possível. Foram bons protetores e bons "ganhadores de pão" em vários casos, e frequentemente se sacrificaram para pagar nossos estudos. Mas não estavam ali para conversar e nos guiar. Foi assim, não se pode mudar isso. Sim, houve uma ausência. Sim, ficamos presos por muito tempo nas saias da mãe por causa disso. Mas chegou a hora de perdoar. "O silêncio de nossos pais representa tanto uma tentação de ceder à raiva como uma oportunidade de falar. A escolha é nossa."**

"O ato contemporâneo de denegrir os pais e a autoridade é um reflexo da mitologia de um pai ausente e idealizado, do fato de nos prendermos amargamente a sentimentos de traição e de abandono, de uma recusa a sofrer a situação presente e de uma prontidão infantil para [nos] rebelar contra os [nossos] próprios compromissos."*** Shapiro diz que nossa visão de um pai ausente é mitológica nesse sentido, que ela é o produto de um complexo paterno negativo que nos faz ver apenas as falhas de nossos pais e que nos faz esquecer suas qualidades. É verdade que é difícil deixar de lado nossas dores para nos abrir ao amor que nossos pais tiveram por nós. É quase doloroso para nós perceber sua generosidade e a grandeza de seus sacrifícios por nós. Não gostamos de nos deixar tocar por seu afeto e frequentemente recusamos compreendê-lo além de seu silêncio.

Como curar o pai ferido em si mesmo

Mas como um homem pode conseguir curar o pai ferido em si mesmo e se livrar de sua raiva amarga contra seu pai real? O psicólogo Osherson

---

*   SHAPIRO, Stephen. *Op. cit.*, p. 100.
**   *Ibid.*, p. 96.
***   *Ibid.*, p. 104.

propõe explorar a fundo o passado do pai para conseguir entender seu sofrimento e desenvolver assim uma empatia que poderá ajudar seu filho a perdoá-lo. Ele fala também a respeito da necessidade de abandonar o mito de um pai ideal e de tolerar a solidão decorrente.

Ele menciona o benefício que os diálogos imaginários com um pai já falecido ou muito distante podem produzir. Esses diálogos podem tomar a forma de cartas ou de atuações psicológicas. Podem se tornar uma oportunidade de expressar a raiva, a cólera e a decepção que perduram. Eles permitem assim objetivar essa dor e aceitá-la melhor. Essas trocas ajudam o indivíduo a sair da prisão do inconsciente e a transformar em lembranças o que ainda queima no presente.

Acabar com o silêncio do pai

O silêncio do pai tornou-se o nosso. Fomos recrutados para essa máfia do silêncio hereditário, mas a consciência de nosso próprio sofrimento e também do de nossos pais deveria nos permitir não passá-lo adiante. A tarefa dos novos homens é acabar com as gerações de silêncio masculino. É talvez o ato mais verdadeiramente revolucionário que podemos cumprir.

Aqueles que ainda têm essa possibilidade devem começar um diálogo com seu pai real, apesar dos medos e das frustações que essa tentativa pode provocar, apesar das decepções ou das rejeições que poderá trazer. Devemos lutar para não afundar no silêncio de nossos pais e tentar tapar o buraco que nos separa deles. Ao preencher esse buraco, colocaremos um bálsamo sobre essa assustadora rachadura que existe entre o espírito abstrato e desencarnado dos homens e esse mundo cada vez mais cruel. Chegou a hora de falar de nossas vulnerabilidades, de nossas necessidades mais profundas e de nossas violências interiores. Chegou a hora de expor nossas opiniões. Chegou a hora de compartilhar e de nos mostrar como somos, de nos comprometermos e de nos tornarmos reais aos olhos daqueles que nos cercam. A hora de falar, enfim, chegou.

Conclusão

Há três nascimentos na vida de um homem. Ele nasce de sua mãe, nasce de seu pai e, finalmente, nasce de seu ego profundo. Trata-se do nascimento da individualidade. Cristo disse: "Eu não conheço nem meu pai nem minha mãe", enquanto seus pais estavam no meio da multidão que viera ouvi-lo. O luto pelas expectativas irreais que dirigimos a nossos pais e a solidão que esse luto nos obriga a assumir nos libertam. Esse sofrimento até serve de mutilação iniciática e nos traz de volta para a realidade do mundo objetivo: o universo se torna nosso novo nicho.

É cada vez mais urgente quebrar nosso silêncio mortal diante da desintegração da família, diante da opressão do terceiro mundo pelo Ocidente, diante da corrida armamentista e diante da poluição que está nos destruindo. Devemos expor aos gritos nossos temores e obrigar os governos a ouvir nossa voz.

Se não encontrarmos um sentimento de dependência profunda e de solidariedade com a humanidade e com o universo inteiro, seja ele mineral, vegetal ou animal, não sobreviveremos. Em cada um de nós a ferida do Rei Pescador sangra, e temos o dever individual de cuidar dela. As belas teorias não farão isso por nós. Chegou a hora de nos olharmos nos olhos e decidirmos se queremos continuar. A decisão está em nossas mãos. Se não falarmos, não sobreviveremos.

Estou convencido de que a revolução dos homens, eu ousaria dizer sua cura, passa necessariamente pela redescoberta de uma *espontaneidade psíquica e física*. A reconquista da vitalidade vem da prática de uma religião natural, baseada simplesmente no cultivo de um sentimento de unidade e na compreensão de que somos parte da Terra. Como dizia o cineasta Frédérick Bach, que ganhou um Oscar por seu filme *O homem que plantava árvores:* "Nós somos terrícolas e a Terra é a matéria-prima de nossa felicidade."

A mudança passa pela recuperação de nossas emoções e de nossas sensações corporais, orgânicas, essas dimensões de nós mesmos onde, erroneamente, aprisionamos a mulher. Enfim, a transformação reside no reconhecimento da sabedoria do instinto. Trata-se de reaprender a confiar no animal que há em nós. Trata-se de abandonar nossa orgulhosa ilusão de controle que oprime todos os seres desse universo.

Finalizarei parafraseando um poema ameríndio: a pedra não precisa nem do sol nem da água para viver; as plantas precisam da água, da terra, do sol e das pedras para existir; os animais precisam das plantas, das pedras, da água, do sol e da terra para subsistir; os homens precisam dos animais, das plantas, das pedras, da terra, da água e do sol para sobreviver; o homem é, portanto, o mais dependente de todos os seres.

Posfácio[*]
A hora dos pais

Neste ano, 2014, meu livro *Pai ausente, filho carente* celebra o 25º aniversário de seu lançamento. Vinte cinco anos já, e toda uma história! Quando escrevi este livro, basicamente durante a noite, após minhas horas de consulta, sentia que abordava um tema importante. Havia uma espécie de buraco em nossa cultura: a questão do pai.

Na época, eu pensava que essa questão dizia respeito apenas a Quebec. Depois, Toronto e o oeste canadense começaram a me convidar para falar do assunto. Os Estados Unidos me procuraram logo depois, e daí saiu a primeira publicação em língua estrangeira pela editora Shambhala. Pensei então que o problema era norte-americano. Veio em seguida um convite para um colóquio internacional de estudos sobre a masculinidade, no Rio de Janeiro, no Brasil. Eu falava então para as Américas. Contudo, as solicitações da Europa não paravam de chegar. Tratava-se de um problema ocidental? Então uma pequena japonesa, chamada Misa Hirai, bateu à minha porta. Ela queria traduzir meu livro e publicá-lo no Japão. O livro foi lançado e uma turnê foi organizada por lá. Depois vieram a Martinica e vários outros convites. Cerca de quinze publicações estrangeiras mais tarde e depois de centenas de milhares de exemplares vendidos em francês, finalmente constatei que questão do pai era mundial.

Há pouco tempo, relendo meu texto, pela primeira vez do começo ao fim, compreendi o motivo disso tudo: o propósito do livro é mais atual do que eu poderia almejar. Pois apesar de os pais estarem cada vez mais presentes na relação com seus filhos, grandes progressos precisam ainda ser

---

[*]   N.E.: Posfácio escrito pelo autor em 2014, em comemoração aos 25 anos da publicação desta obra.

feitos. Não deixa de ser verdade o fato de que ao longo desses anos, os vários encontros com o público me confrontaram com questões às quais eu não tinha respondido em meu livro. Desejo então acrescentar neste posfácio algumas reflexões para responder à questão "Para que serve o pai?", e também para situar num contexto histórico esse assunto sempre atual dos pais ausentes e dos filhos carentes.

Um panorama histórico

A noção de um pai presente no plano afetivo, de um pai íntimo, de um *papai*, se preferirem, é nova. Ela aparece na cultura apenas na virada dos anos 1960, pelo menos no Ocidente. Evidentemente, a história não esperou todos esses séculos para conceber pais afetuosos, que eram ao mesmo tempo protetores, zelosos e representantes da autoridade. Todavia, esse não era seu papel oficial. Na Antiguidade romana e grega, por exemplo, um homem geralmente tinha várias mulheres e ele mesmo escolhia os filhos pelos quais seria responsável. As filhas, por sua vez, praticamente não existiam nesse universo. No ano 400 da era cristã, o clero obrigou os padres, que também tinham mulheres e famílias, a escolher uma esposa oficial e a cuidar dos filhos dessa unidade familiar. É a origem da família e o advento de um pai íntimo dando seus primeiros passos.

Nessa época, as pessoas viviam em clãs familiares que agrupavam várias gerações sob o mesmo teto. Um clã é "um conjunto de famílias associadas por um parentesco real ou fictício, fundamentado na ideia de descendência de um ancestral comum. Mesmo que sua filiação exata não seja conhecida, todos os membros de um clã conhecem essa origem, que adquire um caráter mítico". As vantagens de tal organização estão no fato de que os filhos conviviam com várias figuras paternas ao mesmo tempo. Esse modo de viver e de conceber a família perdurou na Europa até a Revolução Francesa, em 1789. Vale destacar que os "deveres" do pai só foram inscritos em um documento oficial pela primeira vez no fim do século XVIII, na Constituição Francesa pós-revolucionária. Esses deveres estão relacionados a prover, isto é, proporcionar abrigo e alimento, e corrigir, ou seja, disciplinar.

As questões educativas estavam, no entanto, presentes nas ideias de vários filósofos do século XVIII. Tomemos como exemplo a famosa obra *Emílio ou Da educação*, publicada em 1762. Nesse livro, Jean-Jacques Rousseau esboça uma maneira diferente de conceber a relação entre pais e filhos. Apesar de ter precisado do amparo da assistência social para criar seus cinco filhos, ele convida os pais a preservar as qualidades naturais da criança e se basear em conhecimentos concretos em vez de teóricos.

O núcleo familiar como o conhecemos, ou seja, uma unidade familiar reduzida aos pais e aos filhos não casados, nasceu sob a pressão da revolução industrial. Primeiramente na Inglaterra, e de modo crescente na Europa a partir de meados do século XIX, a industrialização provocou a mudança progressiva de uma sociedade predominantemente agrária e artesanal para uma sociedade comercial e industrial. Como isso influenciou a organização das famílias e a função do pai?

A transposição, nas empresas, do modelo agrícola, em que tanto os adultos como os mais jovens participavam dos mesmos trabalhos, ocasionou a morte de várias mulheres e crianças nas fábricas. De fato, o trabalho exigido era muito pesado para esse grupo. Para tentar remediar esses vários óbitos, as grandes corporações capitalistas criaram as primeiras alocações familiares. As mulheres tinham assim a possibilidade de ficar em casa e cuidar dos filhos, que poderiam começar a trabalhar na puberdade, fase em que estariam mais vigorosos e em melhor saúde. Se adicionarmos a esse fator a mobilidade da mão de obra, as massas de trabalhadores que se deslocavam segundo as necessidades das usinas, verificamos aos poucos a desestruturação dos clãs familiares e a criação de núcleos familiares, com o pai, a mãe e seus filhos sob o mesmo teto. Mas é importante destacar que essas famílias estavam agora isoladas em um meio urbano.

Outro fato notável é que, nessa nova família, um membro se torna ausente: o pai. Apenas ele passa a assumir as longas jornadas diárias fora de casa. Ele se ausenta também às vezes por semanas inteiras em regiões mineiras, ou até meses em zonas florestais. Na região de Saguenay, em Quebec, da qual sou originário, os homens iam trabalhar nas florestas e ficavam lá durante todo o inverno cortando madeira. Eles abandonavam assim mulheres e filhos por um longo tempo, voltando apenas no Natal por alguns dias. Meu próprio pai foi retirado da escola com 14 anos para "subir até as florestas" e ajudar seu pai a suprir as necessidades de uma família numerosa.

Como mencionei anteriormente, foi somente no início dos anos 1960 que surgiu na cultura a ideia de um pai que, além de ser uma figura de autoridade e um bom provedor, podia cuidar de seus filhos e ser afetuoso. Para dizer a verdade, é agora que esse pai íntimo está nascendo. Paradoxalmente, esse nascimento acontece não apenas em famílias unidas, mas também em famílias separadas, dilaceradas ou rearranjadas; fragilizadas, por assim dizer. Quando a célula familiar se desfaz e nos encontramos diante da pobreza, sem o apoio dos parentes mais próximos ou de elos sociais de qualidade, o drama aponta no horizonte.

Esse panorama tinha como objetivo mostrar que a noção de um pai íntimo é recente em nossa cultura e ilustrar o contexto difícil em que ela nasce. Passemos então à questão seguinte: para que serve o pai?

Separar o filho da mãe, separar a mãe do filho

A primeira função do pai destacada várias vezes em textos de psicanálise é a de separar o filho da mãe e de separar a mãe do filho. O caso clínico que relatarei a seguir nos permite verificar essa função primordial, constatando os problemas ligados à falta de separação entre uma mãe e um filho, na ausência de uma figura paterna.

Uma jovem mãe de 30 anos veio até meu consultório porque seu filho de 4 anos apresentava comportamentos agressivos. Ele atacava, às vezes violentamente, as crianças da escolinha que frequentava. Essa mãe o amamentou até os 3 anos. Em casa, ela nunca havia tido problemas com ele. As dificuldades começaram assim que ele ingressou na escola. A situação se tornou crítica a ponto de os educadores precisarem isolá-lo das outras crianças. Por fim, disseram à mãe que seu filho não era mais bem-vindo naquele jardim de infância.

Essa criança nunca tinha conhecido o pai. A mãe havia se apaixonado por um homem do qual havia engravidado. Esse homem já tinha uma família e não queria uma segunda. O casal havia então se separado durante a gravidez. Pensando estar fazendo o melhor, a mãe decidiu esconder da criança tudo sobre seu passado, com o objetivo de protegê-lo daquela verdade cruel. A criança nunca tinha visto nenhuma foto de seu pai nem tido contato com ele. Ele não sabia nada a respeito de seu genitor. Tudo ia muito bem, até o dia em que o pequeno entrou na escola. Nesse momento, a realidade do pai se inseriu de modo brutal em sua vida: os outros o tinham e ele não.

Perguntei à mãe se acontecia de a criança ser agressiva com ela também. Ela me confessou que ele havia passado a ter crises em casa e que tentava com frequência bater nela. Como ela reagia? "Eu o deixo em seu quarto até que pare", ela me respondeu. Eu lhe expliquei que seu filho tentava, sem dúvida, dizer algo por meio de seu comportamento e lhe propus que, da próxima vez que ele ficasse violento, ela tentasse fazê-lo desenhar seus sentimentos em vez de isolá-lo, pois o menino gostava de desenhar.

Quando o filho se mostrou novamente agressivo em casa, a mãe se sentou com ele trazendo papel e lápis de cor. Como todas as crianças, ele desenhou um pai, uma mãe e ele no meio. "Mas você não tem pai!", ela exclamou. "Por que você desenhou um pai?", "O que você gostaria de fazer com seu pai?". Diante das perguntas, o menino pegou uma tesoura, cortou a silhueta do pai, picou-a em pequenos pedaços e foi enterrá-los em sua caixa de areia. "Por que você está fazendo isso?", questionou a mãe. E a criança respondeu: "O papai quer me matar." Desprevenida, ela lhe disse: "Não, seu pai não quer matar você." Sentindo-se claramente um pouco culpado, o garotinho foi então buscar os pedaços e tentou colá-los de volta em seu desenho.

Por meio de seu comportamento misterioso, essa criança tentava dizer que a realidade com relação ao pai o matava. Era sua maneira de abolir essa realidade, de aniquilá-la, de negá-la. A ausência do pai em sua vida, uma ausência com a qual ele tinha se deparado no jardim de infância vendo os pais irem buscar seus coleguinhas, fazia-lhe muito mal.

Aconselhei a mãe a lhe mostrar fotos do pai, falar daquele homem e tentar, se isso fosse possível, retomar o contato com ele. Em resumo, tratava-se de devolver a história a esse filho. Eu lhe perguntei também se havia um homem confiável em torno dela. "Meu pai é próximo de mim", ela me confessou. "Ele se ofereceu muitas vezes para cuidar de meu filho, mas sempre recusei!". Diante disso respondi: "Chegou a hora de lhe abrir a porta. Seu filho precisa de uma figura paterna. Ele precisa se separar de você, e você dele." Na sequência, o menino enfim conheceu seu pai verdadeiro e visitas ocasionais foram marcadas. A agressividade do garoto diminuiu consideravelmente e ele pôde continuar sua jornada com a ajuda de seu avô.

A agressividade da criança perante sua mãe oculta uma segunda dimensão: quando a díade mãe-filho se torna uma fusão, ela é em geral desfeita por meio da violência. A díade corre o risco de se transformar em duelo assim que um dos membros apresenta desejos de autonomia significativos. Senão, o controle e a autoridade vão predominar.

Por exemplo, uma amiga que tem três filhos em casa me contou que com o passar do tempo estava ficando cada vez mais crítica e controladora. Para seu marido, isso foi um sinal de que algo devia ser feito. "E se fôssemos ao teatro ou comer em um restaurante? Vamos contratar uma babá e passar um dia juntos", ele lhe propôs. "Isso me fez voltar a mim", afirmou ela. "Eu me lembrei de que não sou apenas mãe, mas que ainda existo como companheira e como mulher, o que me fez muito bem."

Esse pequeno exemplo ilustra o fato de que, num casal harmonioso, não é somente o pai que exerce a função separadora, mas o desejo. Ter momentos românticos, sem a presença dos filhos, permite à mãe não ser subjugada por seu papel. A mesma coisa vale para o pai. A psicanalista Françoise Dolto dizia até mesmo que uma mãe precisa de um hobby, de um trabalho ou de uma relação amorosa que a envolva suficientemente para acabar com a culpa que deixar o filho por algumas horas pode ocasionar.

Dar à luz a interioridade do filho

Mais precisamente, em nível intrapsíquico, a presença do pai permite que venha à tona a interioridade do filho. Ao bloquear o desejo de fusão, a presença paterna permite ao garoto tomar consciência do desejo como um fato psíquico em si. Isso o ensina a separar o desejo do objeto de desejo e o ajuda a compreender que, na vida, nem tudo pode ser satisfeito e que ninguém é escravo de seus desejos. O princípio de realidade tão valorizado por Freud ganha assim seu espaço no mundo da criança. A lei paterna neutraliza o famoso complexo de Édipo, permitindo ao garoto compreender que sua mãe não é apenas sua mãe, que ela existe além de sua relação com ele, e que ele também existe independentemente dela. Como compensação por essa verdadeira perda, o pai oferece sua presença tranquilizante.

Se o impulso do filho for sempre satisfeito, essa conscientização da separação necessária entre o desejo e o objeto de desejo corre o risco de não se realizar. Em vez de adquirir progressivamente a capacidade de se conter, a criança reagirá à frustração por meio de caprichos e comportamentos de agressividade cada vez mais significativos. Sua impulsividade corre o risco de ficar sem limites. A interioridade de fato permite desenvolver uma certa tolerância às tensões psíquicas provocadas pelos conflitos inevitáveis com o alheio. Entendemos assim por que as famílias de um único genitor podem facilmente se colocar em perigo, sobretudo se o genitor tentar atender às frustrações do jovem oferecendo conforto por meio da fusão. Os freudianos propuseram um conceito para falar dos filhos que têm, por assim dizer, "carência" de frustração: frustrar a frustração!

O fato de ter um mundo interior se revela de uma importância capital, principalmente no que está ligado aos impulsos coléricos com os quais se depara todo indivíduo que vivencia frustrações consideráveis. A interioridade permite se distanciar do que acontece em si, abrindo a possibilidade de um diálogo interior. Ela favorece também uma relação mais livre com o que acontece fora de si, como por exemplo, a relação com o peso opressivo das imagens sociais. Sem realidade psíquica consciente, um menino, e mais tarde um homem, torna-se escravo de seu meio exterior. Em outras palavras, permanecer apegado ao que sentimos, sem espaço de negociação interior, é o mesmo que ser subjugado pelos estereótipos de nossa cultura.

Levemos em conta os vários casos de violência conjugal. Homens acabam se sentindo desesperados e impotentes a um ponto em que somente a violência lhes parece uma resposta adequada. Eles não estão acostumados a conter seus impulsos e se sentem oprimidos por eles, incapazes que são de "falar consigo mesmos" ou de controlar o que acontece em seu interior, perdendo assim o domínio de sua agressividade. Eles querem que o tormento interior cesse e tentam encontrar um vislumbre de paz interior agredindo a pessoa que lhes parece ser a fonte do conflito. Chegam a cometer atos realmente destrutivos em relação a sua mulher, seus filhos, assim como a si mesmos. Aliás, os casos de violência conjugal ocorrem em geral quando um indivíduo se sente humilhado, arrasado ou desvalorizado. Uma mulher parte com os filhos sem deixar pistas, seu companheiro perde a cabeça e o drama acaba nas páginas dos jornais.

Humanizar o masculino é dar ao filho uma chance de ser humano

Em resumo, a presença do pai oferece a chance de humanizar o masculino. Nessa era de super-heróis em que as crianças, desde bem pequenas, já imitam as atitudes do Batman ou do Homem-Aranha, é muito bom ter um pai que demonstra não só força, mas também fraquezas; que mostra sua sabedoria, mas também sua ignorância; ou seja, um pai humano. Isso permite amá-lo e odiá-lo ao mesmo tempo, pensar em afastar-se, querendo na verdade estar próximo dele. Mas, sobretudo, isso permite não ser simplesmente prisioneiro das imagens pré-fabricadas da cultura dominante.

O fato de não ter tido pai, em geral, projeta o garoto em um mundo onde ele deseja ser um Rambo ou um Super-Homem para existir aos olhos dos outros – isso se ele não escolher o caminho da delinquência ou da criminalidade para encarnar outro tipo de herói. De qualquer maneira, ele se confronta repetidamente com os mitos da cultura masculina, sem qualquer tipo de mediação. Esses mitos têm a vida difícil: não pedem ajuda, mesmo quando precisam, e resolvem seus problemas sozinhos, sem falar com ninguém a respeito. Tudo isso para merecer seu lugar no panteão da masculinidade pura e dura...

Um pai marcado pela humanidade se interpõe entre os estereótipos da cultura geral e o adolescente. Suas forças e suas fraquezas, sua vulnerabilidade e sua sensibilidade relativizam as poderosas imagens transmitidas pelas mídias. O pai suficientemente bom, responsável, capaz de fornecer referências e suficientemente adequado, no sentido que o pediatra Donald Winnicott propõe, autoriza o adolescente a ter, ele próprio, forças e fraquezas. Ele lhe dá a possibilidade de se destacar em certas áreas e não ser tão bom em outras, sem que isso seja um problema. Enfim, ele lhe permite não virar escravo de ilusões de grandeza que o condenariam a uma vida de excelência ou de fracasso.

O pai como tutor e como educador

Tanto menino quanto menina, a criança tem real necessidade de ser acompanhada em certos aprendizados. Essa função educadora sempre foi reconhecida. Segundo o sentido etimológico da palavra *educação*, trata-se de "conduzir o filho para fora de", fora da fusão, fora do espaço familiar, fora da ditadura de "total segurança" que geralmente reina na infância. A criança precisa também de alguém que aja como tutor, de alguém que apoie seu desenvolvimento por meio de sua presença.

Essas funções de dar exemplo e de fornecer apoio são em geral negligenciadas pelo pai. Por mais estranho que pareça, é algo que as gangues de rua e os grupos de motoqueiros criminalizados[*] compreenderam. Em geral, eles recrutam na rua jovens que vivem na precariedade e na insegurança. Durante algumas semanas, um jovem caminhará com um membro mais experiente do grupo, que lhe ensinará como insultar, defender-se, dar golpes e recebê-los. Ele lhe ensinará também os códigos de reconhecimento do grupo. Assim, essas gangues oferecem aos jovens um tutor que os acompanha na aquisição de certas habilidades. É surpreendente constatar que esses motoqueiros e líderes de gangues aprenderam o que muitos pais insistem em não compreender, ou seja, que os filhos precisam de uma presença paterna e protetora, que lhes deem atenção e formações específicas.

Felizmente, existem também pais que reagem de modo adequado às dificuldades de relacionamento que vivenciam com seus filhos. Um deles me contou a seguinte história: "Tenho dois filhos adolescentes, um de 16 anos e outro de 11 anos. Não sei muito bem como agir com eles. É uma situação complicada. Então, eu tive a ideia de reunir os pais de minha rua que têm filhos adolescentes também. Estávamos em três. Em uma tarde, pegamos nossos filhos e os levamos para a floresta para passear. Ficamos

---

[*] N. T.: O autor faz aqui referência ao "groupe de motards criminalisés" de Quebec, que seria um grupo de motoqueiros associado em geral a atos criminosos.

em volta de uma fogueira. Em vez de lhes perguntar como estavam, nós lhes falamos sobre nós, sobre o que vivemos quando tínhamos a idade deles. O fato de termos ousado falar de nossa relação com a sexualidade, com o trabalho e com a vida em geral fez com que as portas de suas confidências se abrissem. Eles acabaram nos confiando coisas de suas vidas de adolescente. Naquela curta tarde, conseguimos estabelecer um diálogo com nossos filhos. No fim das contas, era preciso apenas criar uma ocasião especial em que pudéssemos lhes oferecer toda nossa atenção."

Constatei as mesmas coisas trabalhando com jovens de rua na Bélgica, na associação Flics et Voyous [Policiais e bandidos]. Eu me dei conta de que até seus comportamentos de ruptura eram pedidos de reconhecimento e de amor.

Constatamos aqui a força do grupo dos pais que acolhe o grupo dos jovens. Sem saber disso, esses pais encontravam o caminho das iniciações tribais. Esse modo de agir é eficaz, pois, na realidade, os garotos têm necessidade de várias figuras paternas. Assim, na adolescência, meu melhor amigo vinha de vez em quando passar a noite com meus pais na minha ausência. Ele achava meu pai ótimo para dar conselhos, enquanto eu o achava completamente ultrapassado. Na realidade, o pai de verdade é aquele que aceita cuidar psicologicamente do filho. Não é necessariamente o pai genético. Um pai substituto é com frequência preferível a um pai "abandonador", abusivo ou negligente. Algumas pesquisas mostram até mesmo o benefício associado à presença de um amigo homossexual, próximo da mãe, que de fato deseje cuidar de um filho. Ele pode se tornar um verdadeiro orientador para a criança.

A educação prevê igualmente a transmissão de valores, um aspecto sobre o qual pensamos com pouca frequência. A American Psychology Association fez uma pesquisa sobre esse assunto. Pediram a crianças para anotar, em uma escala, as qualidades que achavam mais importantes em um pai. Para a grande surpresa dos pesquisadores, o pai que dá um sentido à vida e transmite valores espirituais aparecia em segundo lugar, enquanto a questão da transmissão de valores tinha sido classificada no sétimo ou no oitavo lugar no que diz respeito ao trabalho.

O genitor instrutor

Tive a chance de encontrar Claire Leduc, assistente social e terapeuta especializada em relação conjugal e familiar. Ela criou um conceito muito interessante que se chama "genitor instrutor" ou, ainda, genitor treinador. Tentando escapar da dicotomia que opõe pais e mães, ela diz que um genitor é primeiramente e antes de tudo alguém que deve executar dois papéis ao mesmo tempo: um papel afetivo e um papel educativo.

Claire Leduc observa, por exemplo, que, em situações problemáticas, quando um dos pais é mais voltado para o polo afetivo, não permanece apenas na afetividade, mas pode acabar se tornando "indulgente" e deixar de impor limites ou estabelecer regras. Se, pelo contrário, o pai tiver uma tendência mais educativa, diante dos obstáculos ele penderá mais para o lado "autoritário" e adotará medidas disciplinares.

Esses dois perigos são armadilhas para os pais e para as mães, segundo ela. De fato, não é preciso ser um especialista para constatar que, nas brigas de família, os modos afetivo e educativo se opõem e que, diante da dificuldade, um se torna indulgente e o outro autoritário. O conceito de Claire Leduc ajuda a avaliar o polo natural de cada genitor e facilita o desenvolvimento do aspecto oposto. Apenas afeto não convém para ensinar os filhos, mas somente o uso de educação e disciplina também não é apropriado.

Pai presente, filho vencedor

Parece-me interessante terminar este texto apresentando uma pesquisa feita pelo dr. James Herzog, da Universidade de Harvard. O título de seu livro é *Father hunger*. Nessa pesquisa realizada ao longo de 15 anos e com a colaboração de psicólogos, pediatras, psiquiatras, antropólogos, enfermeiros e assistentes sociais, foram comparados dois tipos de famílias. No primeiro tipo, o pai é muito participativo. Ele brinca com seus filhos e se envolve na organização e no cumprimento das tarefas de casa. O segundo tipo de família é mais conservador. O pai é presente, mas tem um papel mais tradicional: participa pouco da organização da família e da educação dos filhos.

Algumas centenas de crianças foram então acompanhadas do berço até o fim do ensino médio. Os pesquisadores chegaram à conclusão surpreendente de que os filhos que tiveram a chance de ter uma mãe e um pai igualmente presentes faltaram menos às aulas, tiveram menos problemas quanto às notas, sofreram menos com doenças na infância e que, além disso, tinham arranjado tempo para se envolver com atividades extraclasse. Os filhos vindos de famílias tradicionais, que frequentavam as mesmas escolas, tinham enfrentado mais dificuldades. A conclusão geral dos pesquisadores é que os filhos das famílias com pais mais participativos *tinham desenvolvido uma barreira natural contra os estresses da existência.**

Para descobrir por que isso acontecia, observaram os vídeos das crianças que haviam acompanhado por todos aqueles anos, filmando-as em intervalos regulares em interação com o pai e com a mãe. Chegaram à seguinte constatação: as mães tendem a se adaptar aos humores e às necessidades dos filhos, enquanto os pais tendem a exigir que os filhos se adaptem a suas necessidades e a seus humores. Logo, o pai tende mais a tirar o filho de seu conforto. Se precisar voltar ao escritório, ele dirá: "Vamos com o papai e depois jogaremos bola." Os pesquisadores notam também que o pai se interessa por ações mais físicas com seus filhos, por exemplo, jogá-los para cima e pegá-los. Eles observaram que no início a criança nem sempre gosta dessas brincadeiras. Todavia, com o tempo, não só se diverte com isso, como quer mais vezes. Por meio de atividades como essa, os pequenos aprendem a controlar as descargas de adrenalina ligadas às mudanças rápidas de intensidade, daí a construção dessa barreira natural contra o estresse.

Tive a chance de encontrar alguns desses pesquisadores durante um simpósio na Universidade McGill, em Montreal. Eles nos mostraram um dos vídeos feitos numa família em que pai e mãe são presentes. A mãe sai todas as manhãs às 9 horas para trabalhar fora, enquanto o pai, compositor de música, trabalha em casa. O que faz a filhinha de 3 anos? Apenas 15

---

* HERZOG, James. *Father hunger: explorations with adults and children.* Hillsdale: Analytic Press, 2001.

minutos após a partida da mãe, ela chora, grita e faz ceninhas para conseguir a atenção do pai. No começo, o pai consola a criança, mas logo ele a leva até o piano. Mais tarde a menina começa a brincar e, por várias vezes, a vemos tentando cantar a melodia que o pai está compondo. Por fim, quando a mãe volta, às 16 horas, a menininha está sentada no colo do pai, acompanhando a melodia que ele compôs batendo nas teclas. Ela está contente, e o pai também, pois ele pôde fazer sua música.

A pergunta dos pesquisadores é simples: quantas mães vocês conhecem que não teriam abandonado seu trabalho para se dedicar inteiramente aos cuidados do filho? A interpretação deles é que o pai se encarregou de adaptar a criança e isso funcionou bem.

Evidentemente, trata-se de uma tendência geral. Às vezes, temos a situação inversa: os pais se adaptam mais e as mães requerem mais adaptação. Na realidade, o interessante é a existência dos dois tipos de interação, e não quem é responsável por elas. Os filhos a quem se exige somente adaptação correm o risco de se tornar "superadaptados" às demandas exteriores e introvertidos quanto às suas próprias. Do mesmo modo, dar tudo de mão beijada, por exemplo, adaptando-se sempre a suas necessidades e a suas demandas, provoca também catástrofes. Eles ficarão mal estruturados em relação ao mundo exterior, esperando que o meio ao redor se curve a seus desejos. Terão dificuldade para aceitar limites e se entregarão mais facilmente às frustrações inevitáveis da existência, como a primeira nota ruim na escola, a primeira rejeição no amor ou a primeira perda de emprego.

Há também um detalhe a ser destacado quanto à demanda de adaptação por parte do pai. Ela deve ocorrer no contexto de uma presença de qualidade oferecida à criança. O pai presente é aquele que escuta o filho e não aquele que escuta somente suas próprias necessidades, humores e gostos. Esse pai está fechado em sua ferida narcisista e terá dificuldade para criar um filho. Ao mesmo tempo, nos grupos de homens que coordenei há muito tempo, nunca encontrei um pai que lamentasse ter tido filhos. Não importa como sua paternidade tivesse sido vivida, eles se orgulhavam de ter tido a chance de transmitir algo. Isso era uma fonte de autoestima. Eles também tinham se dado conta de que os filhos lhes dedicavam grande afeto, um afeto que sempre esperaram que viesse por parte de uma mulher.[*] Em geral, seus filhos, assim como suas filhas, os ajudaram a abrir o coração e a se aproximar do amor incondicional.

"Você tem palavras para expressar seus sentimentos..."

Eu tive dois pais em minha vida: um pai silencioso na ponta da mesa e um pai que leu *Pai ausente, filho carente*. Eu tive sorte que esse homem pôde aceitar este livro, o que causou uma grande revolução em nossa família. Ele foi a primeira pessoa a ler meu manuscrito. Eu havia lhe enviado o texto para saber sua opinião. Quatro meses mais tarde, ele ainda não havia me dado notícias. Um dia, tomei coragem e lhe telefonei: "Gostaria de saber o que você achou do meu livro, porque já estou quase no fim do prazo para fazer correções. Estou com as provas na mão." E meu pai respondeu: "Sou um homem simples. Sou um homem rústico. Nunca tive palavras para expressar meus sentimentos. Você foi à escola, tem palavras para exprimir seus sentimentos, escreveu um livro e eu estou orgulhoso disso!" Essas simples palavras transformaram completamente a relação entre meu pai e eu.

Depois disso, eu o vi se esforçar de forma comovente para dizer a cada um de seus filhos o quanto os amava, com todo seu pudor de homem da sua época. Finalmente, ele começou a falar cada vez mais e a fazer perguntas sobre nossas vidas. O diálogo tomava forma. Por fim, eu me via mudando meus planos para passar mais tempo com ele. Quando comecei a escrever meu livro, sentia uma razoável amargura em relação a homens mais velhos que eu. Porém, terminei sabendo que eu falava também para meu pai, que a porta que eu tentava abrir para me expressar permitia também a meu pai ter sua sensibilidade e fugir das regras de sua cultura. Os 15 últimos anos que pude passar com meu pai só confirmaram essa hipótese.

---

[*] Essas são as conclusões de um estudo de Daniel Turcotte, um pesquisador da Universidade de Laval, em Quebec, que faz a seguinte pergunta: "Para que serve o filho para o pai?" Ver: TURCOTTE, Daniel e LINDSAY, Jocelyn. *L'intervention sociale auprès des groupes*, 3ª ed., Montreal: Gaétan Morin Éditeur, 2014.

Sei agora que tive um pai que me amava de verdade e que tudo era uma questão de interpretação.

Cabe a nós, que temos o luxo das palavras, o luxo de uma psicologia, nós que somos filhos e filhas do silêncio, quebrar a mudez das gerações anteriores. A hora dos pais chegou.

Guy Corneau

2014

Agradecimentos

Em primeiro lugar, eu quero agradecer a todos os amigos e amigas analistas que me permitiram usar o que se convencionou chamar, no jargão da área, de "material". Esse material, que contém realmente a palavra mais íntima de cada um deles, constitui a matéria-prima deste livro. Eu pretendi usar essa palavra com respeito para que ela servisse a outros homens e, também, a outras mulheres.

Devo também muita gratidão a minha amiga Nathalie Coupal, por sua paciente revisão do manuscrito e pela pesquisa de estatísticas; ela realizou um trabalho admirável. Gostaria também de agradecer a Joane Boucher pela datilografia da primeira versão da obra, a Jean Grondin, pela das versões subsequentes e a Jany Hogue, por suas sugestões estilísticas. Meus leitores e minhas leitoras de primeira mão, Nicole Plamondon, François Bruneau e Gilbert David, foram de suma importância: seus criteriosos conselhos me permitiram diminuir meu entusiasmo e deixar a obra ganhar maturidade. Desejo também expressar meu reconhecimento a meus colegas Jan Bauer e Tom Kelly por seus repetidos encorajamentos. Por fim, minha gratidão aos meus editores da Éditions de l'Homme [Edições do homem]. Francamente, com um nome desses, este livro poderia ser publicado em outro lugar?

Sem o amor de todas essas pessoas, este livro teria sido mantido prisioneiro do silêncio.

Bibliografia

ANQUETIL, Gilles. "Mais où sont les pères-à-penser?", em *Autrement* (Pères et fils), n⁰ 61, Paris, junho de 1984, p. 227.

APOLLON, Willy. "La masculinité en butte à la paternité", em *Un amour de père*. Publicado sob a direção do coletivo Coeur-Atout, Saint-Martin, Montreal, 1988, p. 238.

BERNSTEIN, Jerome, S. "The decline of masculine rites of passage in culture: the impact on masculine individuation", em *Betwixt & Between: Patterns of masculine and feminine initiation*. Publicado sob a direção de Louise Carus Madhi, Steven Foster e Meredith Little, La Salle: Open Court, 1987, p. 513.

BIGRAS, Julien. *Le psychanalyste nu*. Coleção Réponses, Paris: Robert Laffont, 1979, p. 185.

BILLER, Henry B. "Fatherhood: implications for child and adult development", em *Handbook of developmental psychology*. Publicado sob a direção de Benjamin B. Wolman, Englewood Cliffs: Prentice-Hall, 1982, p. 960.

BLY, Robert. "The erosion of male confidence", em *Betwixt & Between: Patterns of masculine and feminine initiation*. Publicado sob a direção de Louise Carus Madhi, Steven Foster e Meredith Little, La Salle: Open Court, 1987, p. 513.

—. "What men really want: a new age interview with Robert Bly by Keith Thompson", em *New Age Journal*, maio de 1982, pp. 31-51.

—. "Initiations masculines contemporaines", em *Guide ressources*, vol. 4, n⁰ 2, Montreal, novembro e dezembro de 1988. (Traduzido do inglês por Jean-Guy Girouard.)

CAMPBELL, Joseph e Moyers, Bill. *The power of myth*. Nova York: Doubleday, 1988, p. 231. (Edição brasileira: *O poder do mito*. São Paulo: Palas Athena, 2012.)

CASTANEDA, Carlos. *The fire from within*. Nova York: Simon and Schuster, 1984. (Edição brasileira: *O fogo interior*. Rio de Janeiro: Nova Era, 2008.)

CHABOT, Marc. "Le père des pays d'en-Haut", em *Un amour de père*, publicado sob a direção do coletivo Coeur-Atout, Saint-Martin, Montreal, 1988, p. 238.

CHAMPAGNE-GILBERT, Maurice. "La famille survivra-t-elle?", em *Le Devoir*, sábado, 12 de dezembro de 1987, p. A-9.

CHARRON, Claude. *Désobéir*, VLB, Montreal, 1983.

DELAISI DE PARSEVAL, Geneviève. "De l'identique à l'identité" (entrevista), em *Autrement* (Pères et fils), n⁰ 61, Paris, junho de 1984, p. 227.

DREUILHE, Alain Emmanuel. *Corps à corps, journal de sida.* Coleção ao Vif du Sujet, Paris: Gallimard/Lacombe, 1987, p. 203.

EMBARECK, Michel. "Sagas en baskets", em *Autrement* (Pères et fils), no 61, Paris, junho de 1984, p. 227.

FALCONNET, G. e Lefaucheur, N. *La fabrication des mâles.* Coleção Points, série Actuels, no A17, Paris: Seuil, 1975, p. 186.

FROMM, E. e Maccoby, M. *Social character in a Mexican village.* Englewood Cliffs: Prentice Hall, 1970.

GARY, Romain. *Au-delà de cette limite votre ticket n'est plus valable.* Coleção Folio, no 1048, Paris: Gallimard, 1975, p. 247.

GELMAN, David e Hager, Mary. "Body and soul", em *Newsweek.* Nova York: Newsweek Inc., 7 novembro de 1988, pp. 88-97.

GUSTAFSON, Fred R. "Fathers, sons and brotherhood", em *Betwixt & Between: Patterns of masculine and feminine initiation.* Publicado sob a direção de Louise Carus Madhi, Steven Foster e Meredith Little, La Salle: Open Court, Illinois, 1987, p. 513.

GUY-GILLET, Geneviève. "Le roi-pêcheur: Jung parle de son père", em *Le père en question, Cahiers de psychologie jungienne,* no 35, Paris, 4o trimestre de 1982, p. 64.

HENDERSON, Joseph L. *Tresholds of initiation.* Middletown: Wesleyan University Press, 1967, p. 260.

HILLMAN, James. *L'amour de la guerre. Cahiers du Cercle,* Centro de Estudos C. G. Jung de Montreal, maio de 1987.

—. "La culture et la chronicité du désordre", em *La petite revue de philosophie,* vol. 9, no 2, Longueuil: Collège Édouard-Montpetit, 1988, p. 161.

JOHNSON, Robert A. *He: Understanding masculine psychology.* Coleção Perennial Library, no P415, Nova York: Harper&Row, 1977, p. 83. (Edição brasileira: *He: A chave do entendimento da psicologia masculina.* São Paulo: Mercuryo, 2009.)

JUNG, Carl Gustav. *Les types psychologiques.* Genebra: Librairie de l'Université Georg et Cie, Paris: Buchet/Chastel, 3a edição, 1967. (Edição brasileira: *Tipos psicológicos.* Rio de Janeiro: Vozes, 2011.)

—. *Métamorphoses de l'âme et ses symboles.* Genebra: Librairie de l'Université Georg et Cie, 1967, p. 770. (Edição brasileira: *O homem e seus símbolos.* Rio de Janeiro: Nova Fronteira, 2008.)

—. *Symbols of transformation*: an analysis of the prelude to a case of schyzophrenia, Collected Works, vol. 5, Bollingen Series XX, Princeton University Press, 2a edição, Princeton, N.J., 1967, p. 557. (Edição brasileira: *Símbolos da transformação.* Rio de Janeiro: Vozes, 2011.)

—. *Psychology and religion: West and East.* Collected Works, no 11, Bollingen Series XX, Princeton: Princeton University Press, 1956. (Edição brasileira: *Psicologia e religião.* Rio de Janeiro: Vozes, 2011.)

KOHUT, Heinz. *Le soi.* Coleção Le Fil Rouge, Paris: Presses Universitaires de France, 1974, p. 374.

KRISHNAMURTI, J. "The only revolution", em *The second Krishnamurti reader.* Publicado sob a direção de Mary Lutyens, Nova York: Penguin Books, 1973, p. 317.

—. "The urgency of change", em *The second Krishnamurti reader*. Publicado sob a direção de Mary Lutyens, Nova York: Penguin Books, 1973, p. 317.

LALONDE, Robert. *Le fou du père*, Montreal: Boréal Express,1988, p. 151.

LAPLANCHE, J. e Pontalis, J.-B. *Vocabulaire de la psychanalyse*. Paris: Presses Universitaires de France, 1967, p. 523. (Edição brasileira: *Vocabulário da psicanálise*. São Paulo: Martins Fontes, 2001.)

LASCH, Christopher. *The culture of narcissism: American life in an age of diminishing expectations*, Nova York: Warner Books, 1979, p. 447.

—. *The minimal self: psychic survival in troubled times*. Nova York e Londres: W. W. Norton & Company Inc., 1984, p. 317.

LECLERC, Annie. *Hommes et femmes*. Coleção Le Livre de Poche, no 6150, Paris: Grasset, 1985, p. 189.

LÉVESQUE, René. *Attendez que je me rappelle*. Montreal: Québec-Amérique 1986, p. 525.

LIBRAIRIE LAROUSSE. *New Larousse encyclopedia of mythology*. Hawlyn, NY, 1959, p. 500.

MARTINI FIELD, Tiffany e Widmayer, Susan M. "Motherhood", em *Handbook of developmental psychology*. Publicado sob a direção de Wolman B. Benjamin, Englewood Cliffs: Prentice Hall, 1982, p. 960.

MONBOURQUETTE, Jean. "Grandeurs et misères de la relation père-fils, essai de psychologie archétypale de la rencontre du père et du fils", em *Un amour de père*. Publicado sob a direção do coletivo Coeur-Atout, Saint-Martin, Montreal, 1988, p. 238.

MONICK, Eugene. *Phallos: sacred image of the masculine*. Toronto: Inner City Books, 1987, p. 141.

O'NEIL, Huguette. "Santé mentale: les hommes, ces grands oubliés...", em *L'Actualité Médicale*, 11 de maio de 1988.

OLIVIER, Christiane. "Pères empêchés", em *Autrement* (Pères et fils), no 61, Paris, junho de 1984, p. 227.

OSHERSON, Samuel. *Finding our fathers: the unfinished business of manhood*. Nova York: Free Press, 1986, p. 217.

PARIS, Ginette. *La renaissance d'Aphrodite*. Montreal: Boréal Express, 1985, p. 186.

—. "Le masque de Dionysos", conferência dada no Centro de Estudos C. G. Jung de Montreal, 13 de maio de 1988. (Notas pessoais.)

—. *Le réveil des dieux, la découverte de soi et des autres à travers les mythes*. Boucherville: Éditions de Mortagne, 1981, p. 332.

PHILIPPE, Alain. *Suicide: évolution actuelle*. Paris: Interforum, Paris, 1988.

ROBERT, Paul. *Le Petit Robert 1: Dictionnaire alphabétique et analogique de la langue française*. Paris: Société du Nouveau Littré, 1978, p. 2171.

SANDNER, Donald. "The split shadow and the father-son relationship", em *Betwixt & Between: patterns of masculine and feminine initiation*. Publicado sob a direção de Louise Carus Madhi, de Steven Foster e Meredith Little, La Salle: Open Court, 1987, p. 513.

SANTÉ ET BIEN-ÊTRE SOCIAL CANADA. *L'alcool au Canada: une perspective nationale*, 2a edição atualizada, Ottawa, 1984.

Sartorius, Bernard. "Les archétypes du masculin", conferência e seminário dados no Centro de Estudos C. G. Jung de Montreal, maio de 1986.

Shapiro, Stephen A. *Manhood: a new definition*. Nova York: G. P. Putnam's Sons, 1984, p. 266.

Shepherd Look, Dee L. "Sex differentiation and the development of sex roles", em *Handbook of developmental psychology*. Publicado sob a direção de Benjamin B. Wolman, Englewood Cliffs: Prentice-Hall, 1982, p. 960.

Stevens, Anthony. *Archetypes: a natural history of the self*. Nova York: William Morrow, 1982, p. 324.

Turner, Victor. "Betwixt & Between: the liminal period in rites of passage", em *Betwixt & Between: patterns of masculine and feminine initiation*. Publicado sob a direção de Louise Carus Madhi, Steven Foster e Meredith Little, La Salle: Open Court, 1987, p. 513.

Von Franz, Marie-Louise. *Puer aeternus: the problem of the puer aeternus*, Zurique e Nova York: Spring Publications,1970, p. 287. (Edição brasileira: *Puer aeternus: A luta do adulto contra o paraíso da infância*. São Paulo: Paulus Editora, 2005.)

Weinmann, Heinz. *Du Canada au Québec: généalogie d'une histoire*. Coleção Essai, L'Hexagone, Montreal, 1987, p. 477.